U0727689

产业组织理论与人力资源管理优化研究

王 颖 著

北京工业大学出版社

图书在版编目（CIP）数据

产业组织理论与人力资源管理优化研究 / 王颖著
. — 北京 ： 北京工业大学出版社，2018.12（2021.5 重印）
ISBN 978-7-5639-6661-5

Ⅰ．①产… Ⅱ．①王… Ⅲ．①产业组织理论②人力资源管理－研究－中国 Ⅳ．① F260 ② F249.21

中国版本图书馆 CIP 数据核字（2019）第 022911 号

产业组织理论与人力资源管理优化研究

著　者：王　颖
责任编辑：李俊焕
封面设计：点墨轩阁
出版发行：北京工业大学出版社
　　　　　　（北京市朝阳区平乐园 100 号　邮编：100124）
　　　　　　010-67391722（传真）　bgdcbs@sina.com
经销单位：全国各地新华书店
承印单位：三河市明华印务有限公司
开　本：787 毫米 ×1092 毫米　1/16
印　张：10.5
字　数：210 千字
版　次：2018 年 12 月第 1 版
印　次：2021 年 5 月第 2 次印刷
标准书号：ISBN 978-7-5639-6661-5
定　价：48.00 元

版权所有　翻印必究

（如发现印装质量问题，请寄本社发行部调换 010-67391106）

前 言

作为微观经济学的重要分支,产业组织理论阐释的是不完全竞争市场中的企业行为和市场结构及其制度安排问题。传统产业组织理论体系基本形成于 20 世纪 80 年代,主要包括哈佛学派、芝加哥学派、新奥地利学派,其后的新产业组织理论引入博弈论和信息经济学等方面新研究方法,在理论范式、研究方法和政策主张等方面均有突破。产业组织理论经历了结构—行为—绩效范式(SCP 模式)、博弈论范式、网络产业组织理论和行为产业组织理论四个发展阶段。博弈论的引入使得产业组织理论从市场参与人的策略互动来讨论市场结构、行为和绩效问题,从而为产业组织理论建立了坚实的微观基础。网络产业组织理论进一步引入了网络外部性和报酬递增机制,使得产业组织理论把分析对象拓展到各种新的组织形态。但迄今为止,这些理论都坚守新古典范式的理论内核,难以有效预测现实中产业组织的多样化和复杂化现象。行为产业组织理论通过引入参与人有限理性和社会性,在一定程度上弥补了过去理论的不足。但新的理论与过去的理论还没有实现完美的契合。只有把网络外部性与参与人的有限理性和社会性有机结合起来,才可能创造出更好的产业组织理论。

当前我国正处于产业结构调整期和经济转型期,而企业是最重要的市场主体,是经济发展的主要力量,左右着经济体系的发展。企业的成功与否要看企业的经营是否正确,管理是否科学。企业的结构以及内部的管理方式对企业的可持续发展具有至关重要的作用和意义。一般来说,企业之间的核心竞争力与人力资源管理存在重要的关系。人力资源是一个企业的核心资源。在市场竞争愈发激烈的今天,企业基本生产要素逐渐由资本、土地、劳动等实体要素向科技、知识等无形要素转变,尤其是企业对人才的需求不断增加。因此,企业人力资源重要的战略地位逐渐显现出来。如何通过科学合理的手段加强对人力资源的管理,建立健全市场竞争下的人力资源管理体系,使人力资源管理的作用得以更好地发挥,使企业能够在社会上具有更广阔的发展空间与明确的发展方向,是当前企业需要关注的问题。

本书先介绍了产业组织理论的研究基础，对产业组织理论的产生与发展进行了梳理，接着对产业组织演化理论研究进行概述，然后在此基础上，对企业人力资源管理相关理论进行必要阐述，详细分析了企业组织结构设计的原理，并对企业人力资源管理的要素及优化策略进行了深入的探索，对研究产业组织理论及优化人力资源管理具有重要的指导意义。

本书共 6 章约 20 万字，由重庆财经职业学院王颖撰写。在撰写本书的过程中，作者吸收了部分专家、学者的研究成果和著述内容。本书中如有不足之处，敬请广大读者多提宝贵意见，以便进一步补充和完善。

王　颖

2018 年 8 月

目　录

第一章　产业组织理论研究的基础 ……………………………………1

　　第一节　演化经济学与产业组织演化 ……………………………1

　　第二节　经济全球化环境下我国产业组织政策的变化 …………4

　　第三节　企业理论阐释 ……………………………………………11

　　第四节　产业组织理论的研究框架 ……………………………17

第二章　产业组织理论的产生与发展 ………………………………23

　　第一节　产业组织理论的沿革 …………………………………23

　　第二节　新产业组织理论与产业规制理论 ……………………37

　　第三节　新产业组织理论评述 …………………………………48

第三章　产业组织演化理论研究概述 ………………………………53

　　第一节　演化的内涵及经济演化思想 …………………………53

　　第二节　经济演化思想对产业组织演化的影响 ………………64

　　第三节　产业组织演化的内涵与环境 …………………………65

　　第四节　产业组织演化的选择过程 ……………………………74

　　第五节　产业组织演化环境下企业技术创新策略 ……………86

第四章　企业人力资源管理的理论阐释 ……………………………97

　　第一节　人力资本理论及人才结构理论 ………………………97

　　第二节　企业人力资源管理的相关理论 ……………………100

　　第三节　企业人本管理研究的必要性 …………………………107

　　第四节　人力资源管理的发展过程及趋势 ……………………109

第五章　企业组织结构设计的原理分析 ……………………………113

　　第一节　企业组织的相关概念 …………………………………113

第二节 企业组织结构设计 ·················· 116

第三节 企业组织制度的分类及设计 ·················· 119

第四节 企业组织设计的主要影响因素 ·················· 121

第六章 企业人力资源管理的要素及优化策略 ·················· 131

第一节 企业人力资源管理规划的理论及执行策略 ·················· 131

第二节 企业人力资源培训开发概述及策略 ·················· 135

第三节 企业聘用体系构建方法 ·················· 145

第四节 企业薪酬与福利管理策略 ·················· 153

参考文献 ·················· 161

第一章　产业组织理论研究的基础

第一节　演化经济学与产业组织演化

一、演化经济学的起源及早期演化思想

经济演化思想源于亚当·斯密的《国富论》。现代经济学分析延续了《国富论》里具有指导意义的三个问题：一是关于经济秩序的问题，即如果没有政府当局的指引和命令，经济如何协调一致发展；二是对价格、投入和产出的大量讨论，即如何解释劳动的价格以及土地价格；三是经济发展的过程是怎样的（纳尔逊、温特，2002）。前两个问题在 200 多年前被提出时就得到了深入的研究，为现代经济学框架的形成打下了基础。第三个问题却一直没有受到应有的关注，尽管在 20 世纪初经济演化思想曾经一度盛行，但是第二次世界大战以后却难见其身影，直到被纳尔逊和温特再次提起。

演化经济学最早由凡勃伦提出，他在研究制度经济时，注意到了社会科学与生物科学的相似之处，在此基础上探讨社会科学与达尔文主义之间的关系，并从历史的角度审视经济制度的演化过程。因而，凡勃伦是第一位直接倡导将生物科学作为经济科学重要启示的经济学家，也是第一位明确提出基于达尔文主义的经济学思路的经济学家。弗罗门（1995）指出，在凡勃伦眼里，经济重在其发展过程，经济演化的核心概念是累积性的因果关系，因果过程造成了结果，从而为后续的因果过程提供了一个起点，而后者又顺次产生某种结果，这又为接下来的因果过程提供了原料，如此等等。凡勃伦认为，经济学的核心主题应该是演化和变异，而不是新古典经济学所强调的静态与均衡思想（盛昭瀚、蒋德鹏，2002）。

马歇尔作为新古典经济学的先驱并没有排斥经济演化思想，而是更多地表达了这样一种愿望，即经济学中流行的静态分析将是一种过渡状态，将被基于生物学概念的真正动态分析所取代。马歇尔指出："经济学的目标在于经济生物学，而不是经济力学。但是，生物学概念比力学的概念更复杂。所以，研究基础的书相对来说更重视力学的类似性，并频繁使用'平衡'一词（此词表明某种静态相似的意思）。上述事实以及本书特别注意近代生活的正常状态，表明本书的中心思想是'静态的'，而不是'动态的'。但是，事实上经济学自始至终研究的是引起发展的种种力量：基调是动态的，而不是静态的。"可见，马歇尔已经为经济学家指出了努力的方向，但是由于基于生物学的经济理论过于复杂，他本人只能用"一个新的均衡来取代一个旧的均衡的比较静态"来解释市场的动态变化，他只能返回到均衡框架中进行分析。

继马歇尔之后，熊彼特和阿尔奇安对演化经济学的发展也做出了巨大的贡献。熊彼特对演化经济学的发展起了先驱的作用。纳尔逊和温特（1982）认为熊彼特的影响是如此普遍，以至于他们为了成为新熊彼特派，才成为演化的理论家。盛昭瀚和蒋德鹏（2002）以及贾根良（2002）都认为熊彼特对创新过程的研究在演化经济学的复苏和发展上具有重要的作用和意义。阿尔奇安的研究为纳尔逊和温特（1982）的研究提供了重要思路和借鉴，他们指出，在比较认真采取演化观点的一些贡献当中，阿尔奇安 1950 年的文章成为他们研究的直接的学术先驱。阿尔奇安倡导采用自然选择作为竞争性生存的隐喻来分析经济演化现象，他的核心思想主要体现在其具有开拓性并为后人的研究提供大量借鉴的《不确定性、演化和经济理论》中。克努森（2002）指出，尽管阿尔奇安的演化思想应用于整个经济系统分析时带有一定的普遍适用性，然而他的文章仍然侧重于从企业的角度出发，研究企业的竞争与生存问题。

早期的演化思想致力于从新古典经济学的静态均衡分析向动态的演化过程分析转化，但他们的研究并未形成一个明确的理论框架，而且存在许多不完善的成分（盛昭瀚、蒋德鹏，2002）。

二、纳尔逊和温特的演化理论

1982 年，纳尔逊和温特合著的《经济变迁的演化理论》出版发行，标志着现代演化经济学的形成。他们反对早期经济学家——新古典经济学家或传统经济学家的研究范式，因为在这些经济学家眼里，企业追求利润最大化是一个标准的假设，并且通过设定各种经济模型求其最大值来解决问题。纳尔逊和温特则认为企业是被利润所推动的，企业应通过不断地探索、创新来朝着能够赚取更多利润的方向努力，而不是在明确界定的和外在给定的选择集合上使利润最大化，他们强调盈利多的企业将盈利少的企业逐出市场这一趋势。

纳尔逊和温特使用变化、不确定性、惯例、路径依赖、有限理性和选择等概念，来代替新古典经济学中的完全理性、最优化行为和确定性等概念。新古典经济学是在既定的制度下寻求均衡，分析均衡如何运行，是一种静态分析方法。因此，兰布伊和波斯玛（1998）指出，新古典经济学只能解释现存路径条件下的决策过程，而对经济的演化问题无能为力。

不确定性和有限理性则是演化理论最重要的行为假设前提，预示着决策制定和调整的本质特性。由于行为人所处的环境非常复杂并且不稳定，难以获得制定决策所需要的信息，因此他面临着大量的不确定性。演化经济学则致力于在不确定性和有限理性的前提下，关注经济发展的过程是怎样的，尤其关注经济结构变化的长期过程并研究行为人（如一个企业、区域或国家）如何在这样的过程中采取策略生存下去。演化经济理论认为，经济均衡只是暂时的，而不是长期的。经济处于均衡状态是指企业都按各自的生产容量进行生产，既不扩大，也不缩小，但是通过竞争，这种情况会发生变化（纳尔逊、温特，1982）。这种变化有两种模式：一种是柯兹纳从非均衡状态出发，研究企业家活动如何使经济趋于均衡，即从非均衡到均衡；另一种是熊彼特从初始均衡状态出发，找出打破均衡的力量（刘志铭，2001）。总之，演化经济学一直遵循着动态变化的思想。

三、演化经济学与产业组织理论的关系

产业组织与演化经济学关系密切，以至于纳尔逊和温特所著的《经济变迁的演化理论》中有大量篇幅涉及产业组织的演化问题，多次提到"经济结构演化""市场行为""动态竞争"等词语，并且对其做了深入的研究和分析。他们的研究是对现代产业组织理论的有益补充，有必要对产业组织的演化过程进行深入的了解和研究。尽管如此，在大量的文献检索中仍然少见"产业组织演化"，而更多的是"产业演化"，这与纳尔逊和温特的开创性研究密不可分。他们的产业演化理论主要从产业结构的角度对产业内的企业数量以及由企业数量引起的其他变量变化进行研究，因此后续的研究中更多地强调产业演化，如温特等（2003）的研究。其他学者也注重从企业数量角度研究产业演化问题，如克莱伯和米勒（1995）、蒙托彼欧（2002）、莱姆布森（1991）和多西、马斯里和奥森尼果（1995）等人的研究。

事实上，国外经济学家不仅从数量的角度去研究产业演化，还从企业行为角度对产业组织演化进行研究，其中企业进入或者退出某一产业（市场）的行为选择就是研究焦点之一，如格罗朴、波斯纳德和塞维（1997）、秦诚忠和斯图尔特（1997）、萨哈密特拉·达斯和萨特亚·达斯（1996）等人的

研究。另外一些经济学家也从技术创新角度对产业组织演化进行了大量的研究，如卡·伊威（2000）和奥德莱士（1995）等人的研究。总的来讲，市场结构、市场行为和技术创新构成了现代产业组织演化理论的核心内容。这些研究不仅侧重于从数量角度研究市场结构的变化，而且注重研究产业组织演化过程中企业进入或退出产业（市场），以及创新、模仿等行为，还关注这些行为的后果，因此研究的内容属于产业组织演化的内容，统一使用"产业组织演化"的表述。

第二节　经济全球化环境下我国产业组织政策的变化

一、经济全球化对我国产业组织及政策的影响

经济全球化包括很多方面的内容，其中有两个基本方面，即生产的全球化和市场的全球化。这两个方面都对我国产业和企业的竞争力产生了重要的影响。

（一）生产全球化及其对我国产业和企业竞争力的影响

生产全球化是指为了利用不同国家在生产要素成本和质量方面的差异，而从全球不同区位采购商品和服务或在全球不同地区生产中间产品，以实行全球最佳资源配置的趋势。生产全球化能够使企业在以下几个方面受益：第一，生产全球化使跨国公司在设计工厂时能够利用全球规模；第二，生产全球化以及对原材料、中间产品的全球采购，使企业能够在全球范围内寻求价格最低和质量最好的原材料和中间产品，降低企业的投入成本，并提高产品的质量和性能；第三，生产全球化使企业能够利用进一步的全球分工和生产的专业化，将其价值活动的不同部分定位于世界的不同地区，将不同国家在全球分工中的比较优势叠加起来，降低成本，提高产品质量，从而取得全球竞争优势。通过全球采购和全球生产，跨国公司就能够降低它们的总成本，并提高其产品的质量和性能，因此能够更有效地与对手进行竞争。

改革开放以来，我国企业也逐渐走出国门，进行跨国经营。但总的来说，我国企业在国际市场上经营规模较小，所涉及的国家和地区的范围很小，所占有的市场份额也相当有限，难以充分利用全球采购、全球生产和全球分工所带来的成本优势和质量优势，难以与国际上大的跨国公司竞争。生产全球化进一步增强了发达国家跨国公司的竞争优势，拉大了我国企业特别是出口企业与它们之间的差距，削弱了我国企业在全球市场上的竞争力。

（二）市场全球化及其对我国产业和企业竞争力的影响

市场全球化是指完全不同和相互独立的国内外市场日益融合为一个统一的全球市场。它既包括消费品市场的全球化，又包括中间产品、原材料、资金等生产要素市场的全球化。随着市场全球化的发展，各国市场之间的相互依赖性日益增加，主要表现在三个方面。一是规模的相互依赖。市场规模的扩大是以各国市场的开放和加总为条件的，企业所能利用的市场规模取决于相互依赖的各国市场总和。二是经营的相互依赖。随着市场条件的变化，企业的经营优势日益取决于各国市场生产要素成本和质量优势的总和。三是范围和知识的相互依赖。随着市场条件的变化，企业所获得的范围经济和学习效应日益增加，这种变化是以企业对市场范围日益扩大的利用，以及将从不同市场学习的结果相互结合，从而形成自己的整体优势为基础的。

与上述相互依赖的变化相适应，企业的竞争战略发生了重大转变，从单纯以出口为基础的战略，经过对外直接投资和多国战略，发展为复杂的全球战略。在以出口为基础的企业战略中，企业利用的是各国市场之间规模的相互依赖；在以跨国经营为基础的企业战略中，企业利用的是规模的相互依赖和经营的相互依赖；在以全球网络经营为基础的企业战略中，企业利用的是规模、经营和范围的相互依赖。随着企业全球战略的转变，企业的竞争优势也日益增加，从单纯利用生产和销售上的规模经济，发展为将规模经济、全球分工和专业化协作的利益与学习和学习迁移效应结合起来，形成更大的竞争优势，以提高其在全球市场上的战略位置。

随着市场全球化和我国对外开放的不断扩大，我国的国内市场日益成为全球市场的一个重要组成部分。我国企业不仅要在国外市场中与其他国家的企业进行激烈的竞争，而且要在国内市场上与外国企业一争高下。这种竞争表现在三个方面。一是我国民族企业与外国企业之间的竞争。由于我国是世界上尚未开发的巨大市场，各主要发达国家纷纷在中国设立分支机构，争夺中国市场的竞争越来越激烈，而它们又能够利用全球范围的规模经济、范围经济、学习效应以及分工和专业化协作的利益，有效地降低生产成本，提高产品质量，因此我国企业处于相对不利的地位。二是我国企业与合资企业之间的竞争。一方面，我国企业与外国企业通过合资、合作和联营，可以获得比较先进的技术、丰富的管理经验以及对人员的培训，如果我们能够尽快地在此基础上进行创新，就可以提高我国企业的国际竞争力；另一方面，我国企业与外国企业既是合作伙伴，也是竞争对手，有些跨国公司可以通过与我国企业之间的合作与我国其他企业进行竞争，甚至有可能通过合资控股方式吞并我国的民族品牌和民族企业，占领我国企业原有的市场份额，抑制我国企业的发展。三是跨国公司对我国企业进行跨国并购。跨国公司可以直接通过对我国企业的跨国并购，占领我国企业原有的市场份额，从而对我国企业形成较大的竞争威胁。当然，外国企业进入我国国内市场，也能够对我国具有一定竞争力的产业和企业形成一定的竞争压力，从而促进这些部门和企业改进管理，进行技术改造和技术创新，提高劳动生产率，这在一定程度上有利于这些企业的发展。

市场全球化对我国不同产业和不同部门竞争力的影响是不一样的。

在我国，一些传统的具有比较优势的劳动密集型产业，如纺织业、玩具业等，仍然具有较高的国际竞争力，占有较大的全球市场份额。但这些行业参与全球竞争主要依靠低廉的劳动力成本和价格，面临周边发展中国家，特别是东南亚国家的强有力竞争。

我国一些技术比较成熟且已经形成大规模生产能力的产业，如洗衣机、电冰箱、空调器、电视机等家用电器行业，经过 20 世纪 80 年代的进口替代和国内市场的激烈竞争，已从幼稚产业发展为成熟产业，基本占领了国内市场。但这些产业在全球市场上尚未建立自己的营销网络，也没有品牌优势，在国内市场上面临新的挑战。外国企业试图通过建立新企业或合资企业等方式在中国市场上卷土重来，而且电视机等的核心技术仍然掌握在外国企业手中，我国企业科研开发能力不足的行业将面临更激烈的国内外竞争。

我国一些技术含量较高且具有一定比较优势的产业，如造船业等，由于技术竞争越来越激烈，我国若不能在技术竞争中获得一定的优势，则只能在低附加价值的环节参加全球分工，产业竞争力将难以保持。

我国一些技术含量不高且比较优势不强的产业，如饮料业、家具业等，不仅难以进入国外市场，而且在国内市场也受到外国品牌的强有力挑战。外国企业通过投资方式大举进攻我国国内市场，如并购、合资等，逐渐以外国品牌取代国产品牌。

我国一些技术含量高且尚未形成国际竞争力的产业，如汽车制造业、计算机产业、通信设备制造业等，基本处于进口替代阶段，国际竞争力十分低下，一旦开放市场，无论在全球市场还是在国内市场都将面临强有力的全球竞争。

综上所述，我国是处于工业化扩张期的发展中国家，经济技术相对比较落后，市场体系还不健全。我国的产业组织长期以来产业集中度偏低，企业之间过度竞争，资源配置过于分散；企业规模普遍太小，不能充分利用规模经济；产业组织结构"大而全，小而全"现象严重，专业化水平以及企业之间的分工协作水平低，这造成我国的资源配置效率低下，企业在国际市场上

缺乏竞争力。

从国际环境来看，随着经济全球化的迅速发展，特别是跨国公司的全球扩张和跨国并购战略的实施，国际竞争更加激烈，并逐渐向统一的全球竞争发展。随着我国对外开放的不断扩大，我国的国内市场也逐渐成为全球市场的一个直接组成部分，我国企业不仅要在国外市场上与发达国家的企业展开战略性的争夺，而且要在国内市场与发达国家的跨国公司展开大规模的激烈竞争。我国的民族经济和国内企业面临更加严峻的挑战。

二、经济全球化环境下我国应实施的产业组织政策

根据我国产业组织现状以及所面临的经济全球化迅速发展的国际环境，借鉴发达国家和一些发展中国家调整产业组织的一般规律和做法，我国目前应主要采取以下几个方面的政策措施调整和优化我国的产业组织。

（一）营造激励有效竞争的制度环境

1.培育完善的市场体系和健全的市场机制

完善的市场体系和健全的市场机制是打破地区封锁和市场分割，促进资源在不同产业、地区和企业之间合理流动，推动企业之间进行有效竞争，提高资源配置效率的一个重要前提。鉴于我国市场体系不完善和市场机制不健全的状况，应重点做好以下几方面的工作，以尽快完善市场体系和市场机制，运用市场机制来促进产业组织的调整。

首先，进一步发展和完善生产要素市场。生产要素市场是市场机制发挥作用的重要基础。目前我国生产要素市场的发育程度还比较低，特别是金融市场、劳动力市场等还很不完善，大大限制了市场机制对资源配置的调节作用，严重影响了产业组织的合理发展和有效调整。因此，必须进一步培育和完善生产要素市场。在金融市场方面，除了逐步推进利率市场化，形成由市场决定利率的机制外，还要进一步促进股票和债券等证券市场的发展，以利于企业的资金筹措和企业之间的并购活动和产权交易。在劳动力市场方面，通过逐步取消城乡和城市之间的户籍限制，进行住房制度改革，建立完善的社会保障体系等促进劳动力的合理流动。

其次，消除各种形式的地区封锁和市场分割，形成全国统一开放的大市场。地区封锁和市场分割阻碍了生产要素的合理流动和企业之间的有效竞争，降低了资源配置效率。因此，要发挥市场机制的作用，必须打破地区封锁和市场分割，形成全国统一开放的市场。具体来说，必须取消地方政府对本地企业的行政保护和对外地企业的进入限制，促进地区之间生产要素的自由流

动。现阶段可主要采取两方面的措施：一是通过制定反对不正当竞争的法律，限制地方保护主义，鼓励合理竞争；二是进一步加快财政体制改革，实行规范的分税制，使地方企业与地方政府利益相对分离，弱化地方政府建立地区壁垒的动机。

最后，建立健全维持市场竞争秩序的法律体系。完善的市场法律体系是规范企业的市场行为、保证市场机制发挥作用的前提条件。因此，必须尽快制定或完善维持正常市场竞争秩序的有关法律法规。具体来说，要进一步统一和完善规范市场主体的《中华人民共和国合伙企业法》《中华人民共和国中国人民银行法》等；进一步健全规范市场主体行为的《中华人民共和国企业破产法》等法律法规；进一步完善规范市场竞争行为的《中华人民共和国反不正当竞争法》，严格禁止欺诈行为、贸易限制、价格歧视、给予回扣以及搭配销售等不正当竞争行为。同时，进一步完善《中华人民共和国反垄断法》，根据我国的国情，不但要禁止企业之间的合谋行为、大企业对市场支配能力的滥用以及企业之间可能引起垄断的兼并行为，而且重点要禁止行政垄断和发达国家跨国公司对我国市场的垄断。此外，还可根据具体情况，制定和实施专门的跨国并购法律规制，以鼓励和促进我国企业的对外并购，规范外国企业对我国企业的跨国并购，特别是对发达国家跨国公司在我国的并购和垄断行为进行监督和控制，以免对我国的相关产业造成严重损害。此外，还要制定和完善反补贴法律制度和反倾销法律制度，对外国企业在我国市场上的不正当竞争行为进行约束和规范。

2. 深化经济体制改革

首先，进一步深化企业改革。一是通过政企分离的有关措施或进行国有企业产权制度改革和推行股份制等形式，建立现代企业制度，使企业成为独立的法人实体和市场竞争主体，增强企业进行市场扩张的内在动力和外部压力。二是改革企业的融资机制，在推进利率市场化，继续完善间接融资的同时，大力发展证券市场和直接融资。这一方面可以拓宽企业的融资渠道，使企业能够在短期内筹集到大量的资金，有利于企业大规模的扩张；另一方面，有利于企业利用证券市场进行企业兼并活动，使企业发展突破所有制以及部门和地区的限制。同时，通过证券市场，特别是股市筹资，还可以降低企业的筹资成本，有利于资源向资源配置效率较高的企业流动，从而提高资源配置效率。

其次，进行财政金融体制改革。金融体制改革主要指国有银行的商业

化经营以及利率的逐渐市场化，以及一般性金融与政策性金融的分离。财政体制改革主要目的是科学划分中央政府和地方政府之间的职权范围和利益关系，实行规范的分税制，尽可能地弱化地方政府与地方企业之间的利益关系，强化中央政府对经济的宏观调控能力。

最后，进行社会保障制度、住房制度、劳动人事制度等相关制度的改革，以促进劳动力的自由流动，降低企业的退出壁垒。

3.加快政府职能的转变

首先，必须明确中央政府和地方政府的管理职能和权限。中央政府的主要职能是制定和执行宏观经济政策，建立和完善经济法规，同时对基础产业、重点企业和一些大型、非营利性、关系国计民生的重大建设项目，进行重点投资建设和管理。地方政府主要负责辖区内基础设施建设，以及一些社会活动的管理。其次，在明确各自职能的基础上，转变地方政府的职能，弱化其投资职能和与企业之间的利益关系，逐渐消除地区保护壁垒和进入壁垒。最后，对于一些政府特别是中央政府垄断的领域，如电信、电力、石化等，根据情况逐步引入竞争，以消除由行政垄断造成的低效率。

（二）实施产业合理化政策

1.确定适当的进入与退出门槛

一方面，确定适当的市场退出门槛，进行资产存量调整。在目前企业兼并机制不健全和产权市场发育不完善的条件下，政府可以通过制定一定的企业设备规模标准和技术标准来关、停、并、转一批技术落后、规模过小的企业，改变低水平重复建设的局面。另一方面，通过确定适当的进入门槛进行资产增量调整。政府可以通过规定新建企业必须达到的生产规模起点和技术标准，控制规模不经济企业的建立，促进产业组织结构的调整与合理化。

2.促进国内企业的竞争与联合

我国是处于工业化过程中的发展中国家，作为经济发展支柱产业的钢铁、机械、电子、汽车、石化等行业具有规模经济显著的特点，与发达国家由自由竞争形成的生产和资本高度集中及大企业的垄断形成鲜明的对照。我国产业组织具有生产集中度过低、企业规模明显偏小、低水平重复建设、行政垄断与过度竞争并存的特点，而且这些特点在规模经济显著的行业尤其明显。产业组织政策的侧重点应该是促进大企业的发展，充分利用规模经济。结合我国的具体国情，我们应采取以下几方面的政策措施：①运用市场机制促进企业之间的自由竞争，推动企业之间的兼并与联合；②采取强有力的产业组织政策和措施，促进企业的合并与改组，推动具有国际竞争力的大企业和企业集团的建立与发展。

3. 促进中小企业的专业化、现代化以及与大企业的分工协作

从产业组织的角度来看，市场效率不仅来自大企业的大规模生产和销售所带来的规模经济，而且也来自中小企业的专业化及其与大企业的分工所带来的专业化分工与协作效益。

鉴于我国产业组织中存在企业专业化水平低、企业之间分工协作不发达、"大而全"和"小而全"的全能企业太多的状况，政府必须采取切实有效的措施，促进中小企业的专业化和现代化及其与大企业的分工协作，以提高资源配置效率。具体应做好以下几方面的工作：①通过经济立法，促进中小企业的专业化与现代化；②采取一系列的经济政策手段促进中小企业的专业化与现代化；③为中小企业提供信息咨询和管理技术等服务；④实施中小企业组织政策；⑤实施中小企业区域集中政策；⑥建立和完善分包制和系列制，促进中小企业与大企业的分工协作。

4. 适时地引入国外竞争

为适应经济全球化和全球竞争的形势，我国应调整经济发展战略，改变过去封闭的贸易保护主义的做法，将产业政策的基调从以进口替代为主调整为以出口导向为主，在继续采取关税和非关税保护措施对进口替代产业和幼小产业进行保护的同时，对具有一定国际竞争力的产业通过逐步地推进进口自由化，降低关税和非关税壁垒，逐渐引入国外竞争，通过外部压力迫使企业不断改进技术，改善经营管理，提高劳动生产率，降低成本，增强竞争力。

5. 促进国内大企业与跨国公司进行跨国并购和建立国际战略联盟

在支持国内企业兼并与联合，促进中小企业的专业化与现代化及其与大企业进行分工协作，建立和发展强有力的大企业与大企业集团基础上，要采取措施指导和促进国内大企业进行跨国并购或与跨国公司建立国际战略联盟，以获得先进的技术与技能，并进一步向全球其他市场进行扩张。

（三）培育增强企业国际竞争力的诸要素

随着经济全球化的迅速发展，我国加入世界贸易组织后，我国产业和企业的发展将面临越来越严峻的国际挑战，我国所能采取的产业组织政策也越来越受到限制，特别是针对特定产业和企业的倾斜性产业政策。我国政府应适应国际环境的变化，适时调整产业政策侧重点，尽可能运用一般性的产业政策提高我国产业和企业的国际竞争力。为此，我国政府应重点做好以下几

方面的工作：①加强技术引进和技术开发，促进新技术在生产中的应用；②培养和引进高素质和专业化的人才；③促进知识和经济信息的传播和扩散；④进行基础设施建设。

第三节 企业理论阐释

一、企业的性质

企业是一个将投入（它所购买的资源）转化为产出（它所销售的有价值的产品）的经济组织。它所赚取的收入和支出之间的差价即利润。

基于对企业性质的这一认识，早期新古典经济学认为企业是处于完全竞争市场上的经济人，它们具有经济理性，对市场具有完全信息，能够做出最优决策，即企业的唯一目标是追求利润最大化。企业利用边际原理，即边际成本等于边际收益的原则来实现利润最大化。当时企业制度的典型形式是业主制形式，即企业所有者直接控制、经营和管理企业。

二、企业理论的发展

随着经济的发展和理论的深入，1939 年霍尔等人对 38 家英国企业进行调查，发表了《价格理论和企业行为》一文，对传统企业理论提出了严峻挑战。他们发现：寡头市场是市场结构中的主要形式；企业并不企图获得最大利润；企业并不使用边际原理，而是使用完全成本原则（平均成本原则）来确定价格，即价格是在平均可变成本和平均固定成本之上再加上正常利润形成的。他们的发现推动了企业理论的发展。

在市场结构以大型寡头企业为主的时代，企业制度已经发生了很大的变化，其特点之一是所有权和经营管理权的分离。在两权分离的情况下，一方面，进行实际决策的是经理而不是所有者；另一方面，经理获得信息需要支付费用，而且他无法掌握全部信息，也没有充足的时间和足够的能力评价所有可供选择的方案。从 20 世纪初美国制度经济学家凡勃伦、米恩斯和伯利等人开始，许多经济学家都提出类似的观点，由此形成了经理中心论的企业理论。有人又将其分为经理企业理论和行为企业理论。

经理企业理论认为，企业是股东、经理和工人的结合体，他们之间的目标是相冲突的。其中，最主要的是管理层，因为经理掌握着企业内外信息，并且拥有实际决策权，而股东的权利是有限的。在这种情况下，只要管理层实现了必不可少的利润，保证股东得到满意的股息，使企业得以生存和发展，就可以偏离利润最大化目标，转而追求自己效用最大化的目标和政策。

西蒙于 1955 年发表的《理性选择的行为模型》以及塞尔特和马奇 1963 年出版的《行为型企业理论》则建立了一种新的企业理论。他们认为，企业既是个体成员的结合体，又是组织的结合体。其每一个成员或群体都有自己的要求，而他们的要求往往同其他成员、群体或整个组织的总目标冲突。解决的办法是不断谈判达成妥协。管理层的任务是制定企业的目标，尽可能协调企业和各群体目标之间的冲突，并做出决策。企业在做决策时往往表现出有限理性的特征，决策过程遵循令人满意的原则。这与传统理论的完全理性和利润最大化相对立。

目前，在西方占主导地位的是科斯和威廉姆森等人所建立的现代企业理论。科斯在 1937 年发表的著名的《企业的性质》一文，被公认为现代企业理论的开山之作。科斯指出，新古典的企业理论存在明显的缺陷。首先，它在关注价格体系的时候，忽略了制约交换过程的制度安排以及与交易相关的各种费用。其次，它在强调企业功能的同时，忽略了企业的制度结构，不能解释生产活动为什么和如何在企业内部进行。最后，它不能令人满意地解决企业边界问题。

为了克服新古典企业理论的不足，科斯将交易成本的概念引入经济分析，将生产的制度结构纳入经济理论，提出并讨论了什么是企业的基本特征，为什么市场经济中存在企业，以及为什么企业的边界不能扩大到整个经济等有关企业的基本问题。他认为：第一，市场和企业是可以相互替代的两种资源配置机制，企业最显著的特征就是对市场机制的替代；第二，无论运用市场机制还是运用企业组织来协调生产，都是有成本的；第三，市场经济中之所以存在企业，是因为有些交易在企业内部进行比通过市场进行所花费的成本要低；第四，市场机制会被替代是由于市场交易有成本，企业不能无限扩张为世界上唯一一家巨大企业也是因为企业组织会有成本。

市场与企业的界限是由以下原则决定的：当一个企业扩张到一定规模，以至于再多组织一项交易所引起的成本等于其他企业即市场交易组织这项交易的成本时，静态均衡就实现了，企业与市场的边界也就划定了。据此也可以说明动态均衡的实现，以及企业边界的扩张与收缩。

从 20 世纪 70 年代开始，科斯所开创的现代企业理论主要沿着两个分支发展：一是交易成本理论，其着眼点在于企业和市场的关系；二是代理理论，其侧重于分析企业内部组织结构及企业成员之间的代理关系。二者的共同点是都强调企业的契约性，故又被称为企业契约理论。

三、企业的目标

企业的行为是为了实现企业的目标，因此为了说明企业的市场行为及其变化，必须首先分析企业的目标或动机。

（一）利润最大化

利润最大化是企业最主要的目标和动机。传统的企业理论认为，与消费者追求效用最大化一样，企业作为具有完全信息的理性经济人，它追求的目标是利润最大化。传统的利润最大化理论有三个基本假定：一是目标单一，即追求利润；二是理性原则，即由所有者控制的企业所追求的是利润最大化；三是决策原则，即企业价格或产量的确定原则是边际成本等于边际收入。

关于利润存在的理由，主要有三种观点。第一种认为利润是企业家承担风险的报酬。与劳动力、土地和资本的所有者不同，企业所有者面临较大的市场风险，因此要求在经济上得到补偿。第二种认为，从短期来看，市场供求关系的不均衡会导致价格变化，从而导致利润的变化，使企业家得到高于正常收益的报酬即经济利润。从长期看，经济利润为零。第三种与垄断势力有关，这种观点认为，追求利润最大化的垄断者会减少产量、提高价格，因而可以得到垄断利润。只要垄断者可以阻止其他企业进入该行业，垄断利润甚至在长期内也可以存在。

（二）其他可供选择的企业目标模型：管理者效用最大化

对于利润最大化理论，不同学者一直存在比较大的争议。特别是随着企业制度的逐渐演变，企业所有权与经营管理权及资产控制权的分离，传统的利润最大化理论越来越受到质疑。作为所有者代理人的经理或管理层完全有可能追求自身效用的最大化，即在利润最大化之外追求其他目标，如销售收入最大化、增长率最大化、职员人数最大化以及其他非货币目标，以实现管理者效用最大化。

（三）以利润最大化为基础的企业目标的多元化

尽管由于所有权和经营权分离，企业所有者不是最终决定企业利润的代理人——管理者，管理者和所有者即股东的目标是不一致的，但仍然存在若干机制使管理者不会偏离利润最大化的目标太远。这些机制包括管理激励契约、经理市场机制、产品市场机制和资本市场机制。

四、企业边界与产业组织形式

为了实现上述企业目标，企业必须采取一定的组织形式，并尽可能降低其成本。产业组织基本存在形式包括企业和企业之间的各种组织。

在对产业组织的考察中，企业组织与市场组织、社会制度以及行政组织之间的相互关系，特别是企业组织与其他市场组织之间的选择是基本问题。产业组织选择的基本出发点是效率。效率主要来自市场效率和其他，如心理、制度和组织等因素。根据莱本斯坦（1976）的 X 效率分析框架，企业的 X 效率有四方面的因素。第一，个人动机方面的效率因素，是指对企业效率影响较大的价值指向和国民心理特性等社会制度因素。第二，企业内部动机方面的效率因素，是指影响企业内部成员的劳动意识、劳务管理等因素。第三，外部动机方面的效率因素，是指企业所处的各种市场组织、竞争环境以及政府管制所产生的影响等。第四，非市场投入的效率因素，是指市场上较难寻得的优秀经营管理人员、非市场的信息网络等因素，它也暗示了由人所构成的网络组织的重要性。这里我们主要分析影响和决定产业组织选择和企业边界的市场因素。对于企业边界的分析和研究主要从市场交易成本的角度进行。

（一）交易成本理论对企业边界的分析

根据新制度学派的交易成本理论，特别是科斯的观点，市场和企业是可以相互替代的两种资源配置机制，无论运用市场机制还是运用企业组织来协调生产，都是有成本的。市场经济中之所以存在企业，是因为有些交易在企业内部进行比通过市场进行花费的成本要低。企业不能无限扩张为世界上唯一一家巨大企业是因为企业组织也有成本。

威廉姆森进一步发展了科斯的理论。他明确了交易成本的概念，并提出了以有限理性和机会主义为核心的契约人假定。由于企业只具有有限理性，企业之间的契约是不完全的，因此存在许多无法预测的交易成本。由于存在机会主义行为，一种经济组织只有保障交易不受其损害，才能顺利进行。当二者同时存在时，就会产生严重的契约困难，使市场交易成本增加，企业就会选择内部生产。

威廉姆森还用资产的专用性解释了企业纵向一体化的现象。他认为企业之所以存在是因为当契约不可能完全时，纵向一体化能够消除或减少资产专用性所产生的机会主义问题。其思路如下：如果交易中包含一种专用投资，则事先的竞争将被事后的垄断或买方垄断所取代，就会出现将专用性资产的准租金攫为己有的机会主义行为。这在一定意义上使合约双方的专用性投资不能达到最优，并使合约谈判和执行变得困难，因而造成市场交易的高成本。当关系的专用性投资变得更重要时，用传统市场处理纵向关系的成本就会提高。因此，企业就会用纵向一体化来取代市场。

（二）交易成本分析与中间组织理论

交易成本分析还可以用于解释企业之间组织的产生问题。近年来，由于以下两方面的原因，一种新的企业组织理论——中间组织理论诞生了：第一，在微观经济领域，以经济人假定和信息不完善为前提的交易成本概念作为基础的研究已经有了新的进展，对企业（其产生、结构和行为）的分析将更符合实际；第二，在实践中，人们认为，日本企业的杰出业绩应部分地归功于它们比西方企业更广泛地采用中间组织的形式，如系列制和下包制（分包制或下请制）等。

首先对中间组织理论做出有益尝试的是威廉姆森（1975）。他从不确定性、交易频率和资产专用性程度角度来研究交易的组织形式，认为当不确定性、交易频率和资产专用性程度较低时，市场是有效的协调手段，市场交易具有大规模和治理优势；当这三个变量较高，尤其是资产专用性程度较高时，企业组织更具优势，企业就会出现。但是，经济活动往往处于二者之间的模糊状态，因此就需要有介于市场和企业之间的另外一种调节机制，于是就出现了处于市场和企业之间的双边、多边和交叉的混合性组织，由此催生了中间组织理论的萌芽。

20世纪80年代初，日本学者今井贤一在分析市场与组织的相互渗透时，最早提出了"中间体组织"的概念。这是一种介于市场与组织之间的体制，它既有市场的特点，又具有组织的特点。其成员拥有独立的利益，并且可以进人和退出，如同企业与市场之间的关系，但是成员之间的交易借助某种保障机制而具有一定的长期性质，因此，成员一般并不能轻易地进入和退出，并且形成了共同利益最大化的行为倾向，这又类似于企业内部组织之间的关系。今井贤一（1983）认为，可以用两组行为特征把市场与企业组织严格区分开：一是决策主体的联系方式，二是主体的决策依据。主体的联系是分散的和不连续的，且依据价格决策的是市场组织，主体联系存在连续性并依据权限决策的是企业组织，介于两种形态之间的组织都是中间组织，如战略联盟、企业集团和非营利性的民间团体等。中间体组织按其成员关系特征又可分为两种：由交易双方和仲裁者构成的三方规则结构的中间体组织，以及仅由交易者本身组成的双方规则结构的中间体组织。

威廉姆森首先提出了特定的交易类型和经济组织之间最优匹配的模型，他指出经济组织（包括市场组织）的运行效率依具体的情况而有所不同。交易技术结构和组织形式的组合不同，交易成本也不同。某种交易技术结构与特定的体制组织形式相匹配时，其交易成本最低，这时，这种资源配置的运行效率最高。威廉姆森指出，具有中等程度资产专用性或中等程度交易频率的交易，适合采取纵向的中间体组织。比如，通过形成长期的订货、供货合约，或当供方必须进行专用性资产投资时，供需交易伙伴形成相互的产权关系。由于资产专用性提高，市场中的机会主义行为产生了较高的交易成本，市场组织资源配置成本较高，中间体组织不再适宜。另外，交易重复率不高时，企业内部的管理成本却比较高，企业组织资源配置的成本也很高，中间体组织同样不适宜。在市场失效和企业失效同时存在时，中间体组织是降低交易成本、提高资源配置效率的有效组织形式。

丸川知雄（1992）指出，企业与企业之间的关系可以采取介于一体化（合并）和偶然而短暂的市场交易关系这两极之间的各种形式，这就是中间组织形式，其特征是企业之间在互相保持独立性的条件下，建立比较长期而稳定的交易关系。他还把介于纯粹的市场交易和完全一体化之间的各种联合形式都称作中间组织。中间组织包括参股、控股、下包制、长期合作等从紧密到松散的各种形式。

杨小凯（2000，2002）从分工入手以交易频率为研究对象，他认为企业应根据交易频率的变化，将中间产品的市场交易频率高于生产中间产品的劳动交易频率的交易外部化，即当最终产品的市场足够大，中间产品的市场交易频率足够高时，分工就倾向于在企业间发生，企业间会出现网络化趋势。杨小凯将交易条件的研究转向了交易频率，从分工的角度揭示了中间组织产生的根本原因。

国内外许多学者都对中间组织产生的客观必然性，中间组织的形态以及功能等进行了深入细致的分析。

中间组织理论认为，从交易费用的角度看，中间组织作为介于企业组织内部交易和市场外部交易之间的组织，在特定的条件下，中间组织既具备内部组织和市场的优点，又能避免这两种交易形式的不足之处。

企业之间进行交易会面临各种困难，根据内部化理论，企业的结合是克服以上困难的一种可取的办法。但中间组织理论认为，如果交易长期进行下去，中间组织便可取代结合。即使处于"囚徒的困境"的情况，仍有可能创造一种能够继续交易、使双方受益而不自行其是的局面。当双方建立起相互信任时，可以获得同样的效果。在这种长期相互信任的关系下，交换和积累信息就更方便，反过来这又使企业能够灵活而迅速地调整交易条件，以适应多变的情况。

中间组织的好处不仅在于它能像内部组织那样有效地节省外部市场所产生的市场费用，而且能避免建立新的内部组织或企业并购所产生的各种费用。

考虑到企业内部组织进行扩张所造成的规模不经济以及企业之间结合所产生的各种费用，如企业之间进行整合的费用等，中间组织就更加是节省费用的组织形式了。

在获取外部资源方面，企业控制各种各样资源最直接的办法是并购或企业从内部的扩大，但由于成本太高并且会受到一些法律限制，或者降低了企业活动的灵活性，内在化变得不必要或不可能，这时，企业可以通过努力建立企业之间的中间组织结构，以便获取企业所需的外部资源。中间组织这种协调方式比纯粹市场和内在化的企业组织更具有独特的优势。中间组织具有节省交易费用、形成外部经济效益、改善经济环境以及完善组织运行的综合功能。

中间组织的具体形式有：许可证制、特许经营、管理服务协议、合作性协会、非股权联营（联合研究、项目联营、联合生产或开发）和股权合资企业、企业集团，日本的系列制、下包制，以及虚拟企业、网络企业等形式。

企业系列是指那些拥有长期持续交易关系的企业群体。美国经济学家加里·萨克森豪斯给企业系列下的定义是"一个宁愿从它自己的内部而不是外部购买东西的集团"。系列制的企业之间除了存在长期持续的交易关系外，通常还相互持股。

下包制主要是指企业集团内部核心企业与其他企业之间，或与集团外关联企业之间形成的大企业多层次下包型的分工生产体系。大的企业集团与关联的协作企业是通过严格的生产过程管理、全面质量管理、技术指导、现场改善、生产作业的即时性与灵活性、员工的"自主管理"小组等等管理手段连接的"命运共同体"，具有同舟共济的关系。

第四节　产业组织理论的研究框架

较早的产业组织理论见于哈佛大学的梅森教授和其弟子贝恩的相关研究中。1959 年，贝恩所著的第一部系统阐述产业组织理论的教科书《产业组织》出版，标志着哈佛学派正式形成。哈佛学派以实证的截面分析方法推导出企业的市场结构、市场行为和市场绩效之间存在一种单向的因果联系：集中度的高低决定了企业的市场行为方式，而后者又决定了企业市场绩效的好坏。这便是产业组织理论特有的"结构—行为—绩效"（SCP）分析范式。这一范式的最初形式是贝恩（1956）的两段论范式。现代主流产业组织理论中流行的 SCP 三段论范式则是由谢勒在贝恩两段论的基础上发展而成的。按照这一范式分析，行业集中度高的企业总是倾向于提高价格、设置障碍，以便谋取垄断利润，阻碍技术进步，造成资源的非效率配置。要想获得理想的市场绩效，最重要的是要通过公共政策来调整和改善不合理的市场结构，限制垄断力量的发展，保持市场适度竞争。SCP 范式的形成标志着产业组织理论体系的初步成熟，为早期的产业组织理论研究提供了一套基本的分析框架，使该理论得以沿着一条大体规范的途径发展，产业组织学因此而成为一门相对独立的经济学科。

在后来的发展中，SCP 分析范式的内涵发生了很大变化。20 世纪六七十年代，美国经济在国际上的竞争力趋于下降，经济中出现了"滞胀"现象，不少研究者和分析家将经济不景气归咎于哈佛学派主张的强硬反垄断政策，于是从 20 世纪 70 年代后期开始，以斯蒂格勒为代表的一些芝加哥大学学者对哈佛学派的观点展开了猛烈抨击，并逐渐形成了产业组织理论中的芝加哥学派。芝加哥学派对哈佛学派的批评主要包括四个方面：第一，认为垄断竞争理论中关于下降的需求曲线的分析在理论上不准确，因为如果说相互竞争的企业生产的产品是相近的替代品或有差别的产品的话，就意味着各个企业的平均成本是不一致的，它们的需求曲线的倾斜度也必将因替代程度的不同而不一致，但张伯伦却假设竞争企业的单位成本相同，这在逻辑上是讲不通的；第二，认为张伯伦引入"有差别的产品"这一概念，混淆了产业与市场的划分界线，使产业的范围变得无法被定义；第三，认为垄断竞争理论将企业规模的扩大与垄断势力的提高视为等同是不对的，因为企业规模的扩大和集中度的提高完全有可能是由技术因素或规模经济的内在要求决定的，并不单纯是为了获取垄断利润；第四，认为哈佛学派提出的 SCP 范式过于简单武断，事实上企业的市场结构、市场行为和市场绩效之间绝不是一种简单的、有其一必有其二的单向因果关系，而是双向的、相互影响的多重关系。基于上述几方面的认识，芝加哥学派提出产业组织问题还是应该透过完全竞争理论而不是垄断竞争理论来加以说明。

按照规模经济理论的观点，企业的规模经济范围随技术水平的提高而不断扩大，平均成本也随之而不断降低，因此只要企业规模的扩大与技术水平的提高相一致，就是必然的和合理的。由此他们推断，企业规模的扩大不仅不会造成资源的浪费，反而会因平均成本的降低而提高资源的利用效率（斯蒂芬，1988；多纳德·海、德里克·莫瑞斯，1998，中译本）。对于企业规模与竞争度之间的关系问题，他们则根据"可竞争市场理论"来加以说明。该理论认为，只要潜在竞争者在进入和退出市场时是完全无障碍的，市场上现有的厂商——不论是仅有一家企业还是有许多活跃的厂商，总是面临来自潜在进入者的竞争压力，而为了避免引来更多的竞争者，原有企业的定

价和产量选择将总是被迫处于一种无显著超额利润的均衡约束下（鲍莫尔，1988），并不像哈佛学派所言，大厂商可以任意确定价格，获取高额垄断利润。可竞争市场理论说明，企业规模的扩大或集中度的提高并不意味着垄断程度的提高和竞争程度的下降。在以上两方面分析的基础上，芝加哥学派提出不能以集中度的高低和规模的大小来作为判断一个企业是不是垄断企业的标准，也不应该毫无区别地对大企业实行强硬的反托拉斯政策，主张以企业绩效作为判断标准，放松对大企业的不必要管制。芝加哥学派放松管制的政策主张不仅极大地影响了同时期美国的产业组织政策，也对后来的新产业组织发展产生了重要影响。

一、SCP 范式的主要研究思路

贝恩（1959）用企业的市场集中度来测量市场结构和用回报率来测量绩效，考察了 1936 年至 1940 年的 42 个美国样本制造业，得出的结论是集中度与经济绩效成正相关的关系。贝恩的第二项研究是用进入壁垒来测量市场结构，检验了 20 个美国制造业的进入壁垒和利润的关系。结果他进一步发现了集中度和利润之间的正相关性，并发现平均回报率在高壁垒条件下明显地高于低壁垒的现象。

围绕着上述经验研究结论的解释，贝恩建立了市场结构决定市场行为，特别是市场绩效的 SCP 理论范式。所谓市场结构，主要指涉及影响竞争过程的市场特征，主要强调进入壁垒条件，包括厂商的规模及分布、产品差异化程度、厂商的成本结构及政府管制程度。行为主要包括产品定价和非价格行为。贝恩强调市场结构影响单个厂商的经济行为，包括直接和间接两个方面：直接影响，如厂商的内部组织结构，包括佣工策略、工作条件等；间接影响，如厂商内部资源配置及其产品定价和竞争策略。绩效主要是通过规范的"好、坏"标准对满足特定目标的经济行为的评价。

二、SCP 范式的理论逻辑

①产业的绩效取决于卖方和买方的行为，卖方和买方的行为取决于市场结构。结构反过来又取决于基本状况，如技术和产品需求等条件。

②从理论的逻辑来看，SCP 范式更多地强调了市场结构是导致厂商不同行为和绩效的主要因素。其中进入壁垒构成了市场结构决定性的要素，导致进入壁垒的因素是现有厂商规模经济、产品差异化、绝对成本优势。

③ SCP 范式更加强调经验性的研究，这是因为结构主义的主要理论结论都是通过经验性分析得出的，即关于集中度、进入壁垒与绩效的关系。SCP

范式在理论解释上，在很大程度上依赖这种经验性的分析变量的设定、时间和条件。

④ SCP 范式中结构主义的反托拉斯含义十分明显：反托拉斯政策不应该关注企业的行为，而更多地关注市场结构。

三、SCP 范式存在的主要问题

①概念问题，即关于经验性分析中变量的设定、时间和条件。首先，在对产业绩效的测评中，结构主义主要采用了利润率和回报率两种指标，这两种指标是否遵循了长期绩效衡量方法还存在争议。长期绩效衡量方法应该是衡量绩效的基础，但以短期绩效衡量为基础的 SCP 研究则不是这些理论的恰当检验。其次，结构变量是否外生。利润和高集中比率间的正关系强调了高集中比率引起高利润的负面性。事实上，利润和集中率正相关的解释中还包括了厂商的最有效率生产、创新性的研究和市场范围的扩展。如果集中率不是一个外生的衡量方法，那么利润和集中率间关系将出现偏差，即高利润可能由几个因素共同产生，集中度也可能不影响利润率，它对利润率的影响仅仅是外生的。

②简单化逻辑。事实上，导致行为和经济绩效的原因是非常复杂的，但SCP 模型的单线条分析削弱了模型对经济现象的解释力度。

③经验性分析强于理论解释。尽管结构主义以主流微观理论的主要推论为基础，但在理论的解释中，只强调了短期分析的意义，而忽略了长期过程中产业的动态效率和配置效率。

自 20 世纪 60 年代以来，SCP 分析范式成为理论界和经济界评论的热点。芝加哥大学的经济学家，包括斯蒂格勒、德姆塞茨、波斯纳、麦杰等在内的芝加哥学派更加重视对结构—行为—绩效的理论分析。芝加哥学派的主要理论思想范式是竞争性均衡模型。他们继承了自奈特以来芝加哥大学传统的经济自由主义思想和社会达尔文主义，认为市场竞争过程就是市场力量自由发挥作用的过程，是一个"生存检验"的过程。他们特别注重市场结构和效率的关系，从实证分析的角度出发，提出以市场集中率，也就是各厂商在市场中的占有率的分布状况来衡量厂商对市场的垄断程度，认为应该从价格理论的基础假设出发，强调市场的竞争效率。其关键是提出了在长期均衡中的配置效率和技术效率，配置效率的条件是价格等于长期边际成本，技术效率的条件是价格等于企业长期平均成本曲线最低点，这就意味着产业的产出不管是资本不足还是资本过剩，都处于最优规模边界下。芝加哥学派认为市场在长期发展过程中能够达到效率水平，反对高集中率的产业必然带来垄断租金

的观点，因此反对政府对市场的干预。斯蒂格勒从产业成长角度分析，认为厂商的规模和市场的集中度与产业周期和经济效率有关，在产业初期，由于市场范围狭小，产业的各环节不足以进行专业化分工，而由全能型企业承担。随着产业的发展，市场范围的扩大，厂商内部分工转化为市场分工，到了产业成熟和衰退时期，市场范围缩小，市场分工再次转化为厂商内部分工。因此，产业的集中率与市场范围和产业周期相关，高集中率导致高利润率的观点忽略了产业发展长期均衡的历史过程。从规模经济角度来看，斯蒂格勒用生存技术来确定最佳规模水平，即凡在长期竞争中得以生存的规模都是最佳规模，因此最佳规模存在多种不同的规模，大厂商的规模经济也是生存技术的结果。德姆塞茨认为高集中率导致高利润率是生产效率的结果，而不是资源配置低效率的指标。在价格行为上，斯蒂格勒进一步讨论高集中度产业中大厂商的竞争行为，认为在高集中度产业中，大厂商仍然受到竞争的压力，其产品价格将被制定在可维持水平，这个水平符合效率标准。从政策上，芝加哥学派的理论强调了反竞争行为或垄断行为的主要原因是政府对市场的管制会导致进入壁垒出现。芝加哥学派遵循了弗里德曼自由主义的传统，强调了市场长期竞争的效率，大大扩展了贝恩讨论的结构、行为、绩效的视野。1982年诺贝尔经济学奖授给了美国芝加哥大学经济学教授斯蒂格勒，以表彰他对产业结构、市场运行、公共管制的原因与效果研究所做出的杰出贡献。

第二章 产业组织理论的产生与发展

第一节 产业组织理论的沿革

产业组织理论可以被广泛定义为与市场联系着的不易以标准教科书上的竞争模型来分析的经济学理论。产业组织理论以特定产业内部的市场结构、市场行为和市场绩效及其内在联系为主要研究对象，以揭示产业组织活动的内在规律性，为现实经济活动的参与者提供决策依据，为政策的制定者提供政策建议为目标的一门微观应用经济学。与产业结构理论、产业关联理论等领域已有较长的研究历史不同，产业组织理论是产业经济学各领域中定型较晚的部分。现代产业组织理论的形成以乔·S.贝恩 1959 年出版的《产业组织》一书为标志，迄今只有几十年的历史。然而，从其产生和形成的渊源来看，产业组织理论体系萌芽于英国著名经济学家阿尔弗雷德·马歇尔的生产要素理论，奠基于美国哈佛大学教授爱德华·张伯伦等人的垄断竞争理论，最终形成于贝恩等人的系统研究。

一、产业组织理论的萌芽

马歇尔在其 1890 年问世的名著《经济学原理》一书中论及生产要素时，在萨伊的劳动、资本和土地"生产三要素"学说的基础上，首次提出了第四生产要素，即"组织"。马歇尔所提出的"组织"概念涵盖了企业内的组织形态、产业内企业间的组织形态、产业间的组织形态和国家组织等多层次、多形态的内容，其外延的界定具有较显著的宽泛性和不确定性。而后来的产业组织理论自其真正奠基之日起，是从马歇尔的"组织"概念的第二层次的组织形态，即产业内企业间的关系形态基础上发展起来的。将产业内企业间关系结构从马歇尔混杂的"组织"概念中分离出来的工作，最后是由爱德华·梅森和贝恩完成的。

19 世纪 60 年代，西欧自由竞争的资本主义逐渐发展到顶点，并开始进入垄断资本主义过渡阶段。正是在这一背景下，马歇尔研究分工与机器、某一地区特定产业的集中、大规模生产及企业的经营管理、企业形态等问题时，触及了规模经济现象，而规模经济又与组织形态直接相关。他在提出将组织作为第四生产要素的同时，又提出了"工业组织"的概念，并进一步分析了分工和机械对工业组织的影响，工业组织大规模生产的经济性及适应工业组织管理的工业家所需的才能等问题，第一次触及了现代产业组织理论所关注的一些基本问题。

首先，马歇尔的经济理论触及了垄断问题，并发现了被后人称为"马歇尔冲突"的规模经济与垄断弊病之间的矛盾。他认为，完全竞争市场在现实中是不存在的，厂商追求规模经济的结果导致垄断，而垄断会扼杀自由竞争这一经济运行的原动力，使市场价格受到人为要素的操纵，而且使经济丧失活力，也不利于资源的合理配置。"马歇尔冲突"所提出的竞争活力与规模经济之间的关系，正是现代产业组织理论所关注的核心问题。

其次，马歇尔的经济理论触及了由产品差别、生产条件差异和广告费用不同等造成的不完全竞争市场的垄断因素问题。马歇尔在其著作中指出，许多不同型号的产品，或因其适应不同的需求偏好，或有某些独特的功能，或其中某些产品拥有专利权等因素都可以使它们的生产为特定工厂所垄断。在这种情况下，那些实际上质量最好的产品的生产者不能有效地登广告和用销售商及其代理人来推销自己的商品。不完全竞争市场上的垄断现象通常是由追求厂商规模经济及上述多种因素共同引起的。

尽管马歇尔所触及的产业组织基本问题，只是散见于其庞大的经济学体系中，均未做出专题研究或明确的分析，但他的这些工作对后来者从事产业组织的研究具有极富价值的启迪，因而他被西方学者称为产业组织理论的先驱。

二、产业组织理论的奠基

如果说在马歇尔所处的时代，垄断还只是个别现象，那么到了 20 世纪初，垄断资本主义已经取代了自由资本主义，垄断资本对资本主义国家经济运行的影响已体现得十分深刻，尤其是 20 世纪 30 年代的经济大危机使得以马歇尔为代表的正统经济理论与现实的矛盾日益显现，现实的严峻挑战成为新理论诞生的催生婆。1933 年，英国剑桥大学经济学家琼·罗宾逊的著作《不完全竞争经济学》和美国哈佛大学教授爱德华·张伯伦的著作《垄断竞争理论》几乎同时问世，这两部著作围绕竞争和垄断的关系进行了更接近实际的全面探索，修正和发展了西方传统经济学中的竞争－垄断理论。尤其是张伯伦在

其著作中提出的一些概念和理论观点，成了现代产业组织理论的重要来源，他本人也因此被认为是现代产业组织理论的奠基人。

张伯伦对现代产业组织理论的贡献主要体现在如下几个方面。

①以分析纯粹竞争为出发点，否定了纯粹竞争存在的条件，提出了垄断竞争的概念。张伯伦认为，完全竞争和纯粹垄断只是两种极端的市场形态，现实经济则是介于这两者之间的"中间地带"，现实的市场既存在竞争因素，也存在垄断因素，两者的并存与交织形成了所谓的垄断（性）竞争格局。其根本原因在于，每个厂商提供的产品都具有差异性，所以它是个垄断者；但该产品又具有一定的替代性，因而对生产同类产品的其他企业来说，它又是一个竞争者。于是，垄断竞争市场便形成了。

②对垄断竞争的市场结构进行了具体分类和分析。张伯伦对完全竞争和纯粹垄断两种极端市场形态及位于这两者之间广阔"中间地带"的市场结构进行了具体分类，并考察了不同产业之间的联系，分析了特定产业内的市场结构、价格、利润、广告和效率等的相互关系。

③提出了生产同类产品的企业集团及与之相关的厂商企业的关系问题。由于不同供给厂商生产的同类产品具有一定的替代性，因而可能导致同类产品企业间的价格、产量协调的企业集团的出现。这样就进而产生了集团内企业间和集团企业与非集团企业间纵横交错的竞争关系。通常，由于集团内企业可以保持统一价格，并凭借其集团实力取得一定的市场垄断地位，集团外的企业很可能因此而处于不利状态。当然，集团外的企业也可以采取灵活的价格政策与集团内企业竞争。

④界定了产品差别的内涵及其对市场竞争的影响。张伯伦认为，对消费者而言，不同的产品差别可能是具体的，也可能是抽象的。只要产品的品质特征引起购买者的认知差异，使购买者喜好这种产品而不喜好那种产品，都可能构成产品差别的标准。具体地说，产品差别包括三个层次的含义：第一，商品的品质、包装等产品本身的差异；第二，产品销售条件、服务态度的不同；第三，消费者"想象"的心理差别，如品牌、广告等。以产品差别化为基础，张伯伦进一步分析了垄断与竞争的关系，他认为产品差别既是垄断因素，又是一种竞争力量，只要销售量与产品差别有关，则产品差别的非价格竞争就可能比传统的价格竞争更为重要。

⑤提出并讨论了企业在市场上的进入和退出问题。一个产业的兴起、发展和衰退必然面临着企业的进入和退出问题。企业进入某一产业的难易程度是决定该企业成本—收益关系的基本因素。伴随着企业进入和退出市场的行为，集团企业和非集团企业也可能在某一点上达到均衡。

三、产业组织理论体系的形成

产业组织理论体系的最终形成离不开马歇尔、张伯伦等人早期开拓性研究的贡献，特别是张伯伦的垄断竞争学说不仅成了现代产业组织理论的主要来源，而且还率先实现了经济理论研究从规范研究到实证分析方法论的转变。不过，现代产业组织理论体系中绝大多数实证研究的方式方法和判别标准，主要得益于 20 世纪 30 年代以后一些西方学者实证研究的结论，其中影响较大的如下。

①阿道夫·柏利和格迪纳·米恩斯对经济力集中的实证研究。他们在 1932 年合著出版的《现代股份公司和私有财产》一书中，对股份制的发展更易使资金向大企业的集中，从而导致经济力集中、价格刚性、扼杀竞争等问题进行了较具体的实证分析。他们还针对 20 世纪初现代股份公司的迅速发展，研究了股份公司制度所引致的企业内部所有权与经营权分离对企业的影响。他们的研究被认为是制度学派对产业组织理论的最早探索，后来制度学派重要代表人物加尔布雷斯关于公司内部技术经理阶层这一新制衡力量对企业行为具有重大影响的观念也延续了他们的研究传统。

②勒纳、贝恩、赫芬代尔、植草益等人对垄断指标的研究。特别值得一提的是，勒纳 1934 年在《经济研究评论》杂志上发表的一篇论文比较深入地探讨了垄断的概念和垄断力的测量方法及指标。

③克拉克、梅森等人对"有效竞争"概念及其度量标准的研究。克拉克在 1940 年发表的名为《以有效竞争为目标》的一篇论文中，首次提出了"有效竞争"的概念，并对该指标的度量标准进行了分析探讨。他认为，在不完全竞争中，最重要的问题是直接性、短期性的压力和长期均衡的条件不协调。因此，研究有效竞争条件的出发点就在于以现实中产生的条件为基础，寻求缩小企业上述背离程度的方法和手段。梅森认为有效竞争的定义和条件可分为两种：一种是寻求维护有效竞争的市场结构及形成这种市场结构的条件，即市场结构基准；另一种是从竞争中有望得到的市场成果出发，寻求市场的有效性，即市场成果基准。这两种基准各有利弊，把握有效竞争，将这两种基准综合起来加以考虑是比较现实的选择。

贝恩在 1959 年出版的《产业组织》一书中，系统地提出了产业组织理论的基本框架，标志着现代产业组织理论的基本形成。在该书中，贝恩系统地总结了已有的研究成果，特别是哈佛学派的研究成果，第一次完整而系统地论述了产业组织的理论体系，明确地阐述了产业组织研究的目的和方法，提出了现代产业组织理论的三个基本范畴：市场结构、市场行为、市场绩效，

并把这三个范畴和国家在这个问题上的公共政策（产业组织政策）联系起来，规范了产业组织理论的理论体系。科斯、威廉姆森、谢勒等人在此基础上做了进一步的补充、完善，认为市场结构（S）决定企业的市场行为（C），企业的市场行为决定市场绩效（P）。某一市场结构又取决于特定情况下市场供求的基本环境，从而形成了 SCP 框架的产业组织理论体系，这也标志着以哈佛大学为主要基地的正统产业组织理论的形成。

四、产业组织理论的修正和补充

自哈佛学派的 SCP 理论体系形成以来，产业组织理论就进入了以正统理论为主干或参照系的多元化发展阶段。20 世纪 60 年代以来，一些经济学家发现哈佛学派的产业组织理论在理论方法及微观基础等方面存在缺陷，他们在不放弃 SCP 分析框架的前提下，对正统学派的产业组织理论进行了修正和补充，主要体现在如下四个方面。

第一，在分析框架上改变了单向和静态的研究模式。哈佛学派以市场结构—市场行为—市场绩效为分析框架，其最大的吸引力在于，一旦接受了它的因果关系假设，并能以可观测的结构变量为一方，以绩效变量为另一方，建立稳定的一般关系模型，就能很方便地了解其中的规律并制定政策，而不必探究其固有的难以处理的并在很大程度上不可观测的市场行为过程。新产业组织理论认为，SCP 框架是一个循环的流程，S、C、P 之间并不只是一个简单的 "S → C → P" 的单向决定，而且还存在着 "P → C → S" 这样一个反向决定，从长期看，SCP 框架实质上是一个周而复始、不断发展的循环过程。以斯蒂格勒为代表的芝加哥学派认为，S、C、P 之间的关系主要体现为 "P → C → S"。由于一些企业在剧烈的市场竞争中能获得更高的生产效率，所以它们才能获得高额利润，并进而促进企业规模的扩大和市场集中度的提高，形成以大企业和高集中为特征的市场结构。德姆塞茨就曾指出，较高的利润是组织规模经济的报酬，任何成本最低的企业规模自然也就迅速扩大，从而使企业行为在运行绩效与市场结构之间形成一条反向通道。斯蒂格勒还认为，除了政府的进入规制外，由于真正的进入壁垒在实际中几乎不存在，因此市场上的现存企业都面临着潜在进入者的竞争压力。鲍莫尔等人发展了斯蒂格勒的思想，在此基础上提出了 "可竞争市场" 和 "沉淀成本" 理论。他指出，在可竞争市场中，潜在进入者的压力促使现存企业降低成本，扩张规模，注重创新，因此既改变了市场结构，又影响了市场绩效。所以鲍莫尔的可竞争市场理论，摆脱了市场结构与市场行为之间的单向既定的逻辑关系。以米塞思为代表的新奥地利学派也认为竞争是一个动态过程，而不是一种静态的市场结构，从而否定了 SCP 模式。

第二，在理论基础上，广泛吸取了现代微观经济学的新发展，修正了传统产业组织理论基于新古典主义经济学的假设。新古典主义的微观经济学的理论，无论是局部均衡理论，还是一般均衡理论，都是将企业看作根据生产函数来确定最优产量的一种不可细化的基本分析单位。因此，在新古典主义微观经济学看来，不管是垄断企业，还是完全竞争企业，不管是经理控制企业，还是股东控制企业，所有企业都以利润最大化为行为目的，在这一目的的驱使下，企业将投入转化为产出。至于企业内部是如何运作的，贝恩将此问题推给了管理科学。这种研究实际上是将企业视为"黑箱"，从而使研究脱离客观实际。而新产业组织理论，尤其是以科斯为代表的新制度学派运用交易成本理论，对企业的存在及规模给出了更令人信服的解释。1937 年，科斯在《企业的性质》一文中，首次提出了市场成本概念，其中包含了交易成本的内容。他认为，交易成本包括搜寻费用、谈判费用和实施费用，企业的存在是为了节约交易费用，企业的规模决定于企业再组织一项交易的成本等于在公开市场中进行这项交易的成本，或者等于由另外的企业来组织该交易的成本。1975 年，威廉姆逊在这种分析的基础上，提出了关于交易成本的四个概念：①市场与企业是完成相关交易系列的可替代方式；②使用市场或一个企业自有资源的相对成本应决定这一选择；③签订与履行复杂合同的交易成本，在市场上，一方面随这一交易的有关决策者的性格而变，另一方面又随市场客观性质而变；④环境和人力因素影响不同市场和企业的成本，其中，环境因素包括不确定性和企业数量，人力因素包括有限理性和机会主义。当不确定性少，企业数量很多而机会主义行为很少时，企业会依赖市场。相反，企业更可能自给自足而不依赖市场。总之，新制度学派用交易成本论分析企业与市场边界，为产业组织研究提供了全新的微观经济视野，使新的产业组织理论更接近现实。

第三，在研究重心方面，从产业组织分析的结构主义转向厂商主义，即从重视市场结构的分析转向重视企业行为的分析。如前所述，传统产业组织理论的分析框架认为流程为"$S \rightarrow C \rightarrow P$"，因此将市场结构作为研究重心，而新产业组织理论更重视 SCP 框架中企业行为的分析，如芝加哥学派从行为主义的方法论出发，认为厂商行为是厂商预期的函数，政府无须干预市场机制的运作。新奥地利学派十分推崇企业行为的决策人——企业家的作用。在新古典经济学理论中，企业家的作用是静态和被动的，企业家的干预可有可无，而新奥地利学派则从不完全信息出发，在理解市场时强调过程学习和发现，认为竞争性市场过程是分散的知识、信息的发现

和利用过程，因而他们特别强调企业家及其创业精神在这一过程中的重要作用，强调在竞争的市场中企业家的行为是如何指导资源的流动以最好地满足消费者需要的。1985 年，索耶尔在其修订版的《产业和厂商经济学》一书中，首次把厂商纳入产业组织理论著作的标题中，并以厂商为中心展开分析。索耶尔认为，行业是不确定和虚假的，厂商才是基本的实在经济单位，市场结构事实上反映的是企业之间的竞争关系。由此可见，20 世纪 80 年代以来，产业组织理论研究重点已完成了从结构主义向厂商主义的转变。

第四，在研究方法上，突破实证分析的局限性，引进博弈论、计量经济学和信息经济学的分析方法，将博弈论和信息经济学有机地贯穿于产业组织研究中，推动了产业经济学的新发展。1994 年和 1996 年诺贝尔经济学奖的归属体现了博弈论的分析方法在现代经济学中已经占据主流地位。博弈论是人们之间的行为存在相互作用情况下的决策理论。博弈模型首先从描述博弈开始：什么人在什么时候行动，有什么战略（行动）可供选择，在每次行动时知道些什么信息，外生事件以什么概率发生，每个人的收益函数如何决定，等等。在博弈中，有些信息可能是私人信息，另外一些信息是共同知识。博弈模型假定理性本身是共同知识：所有人都是理性的，所有人都知道所有其他人也都是理性的，等等。在这个假设下，所观察的行为对应于特定博弈的一个纳什均衡：每个人的战略（行动）都是其他人战略（行动）的最优反应；给定别人的选择，没有人愿意改变自己的选择。在产业组织理论中，一般把博弈论放在寡占竞争分析中。最早的运用者是库诺特，他从独占出发，把分析延伸至两企业垄断以及多数企业间的数量竞争。源于其名字，数量竞争也被称为库诺特竞争，由此得到的均衡就是现代博弈论中的纳什均衡，不过不少人认为更确切的说法是库诺特 - 纳什均衡。与库诺特所研究的数量竞争相对，伯川德和埃奇沃斯对价格竞争进行了研究，因此，价格竞争被称为伯川德 - 纳什均衡。1951 年，纳什在冯·诺依曼和摩根斯特恩 1944 年编著的《博弈论与经济行为》的基础上，将博弈的均衡进行了定式化，使纳什均衡成为有力的分析工具，因此我们认为运用博弈论所进行的一系列研究，主要是用纳什均衡阐明企业行为，分析在市场初期条件（初期均衡状态）给定时，如何通过企业行为实现新的均衡。

五、产业组织理论的主要学派

（一）哈佛学派的结构主义理论框架

1.哈佛学派产业组织理论的形成

哈佛学派产生于1938年，主要代表人物有哈佛大学的梅森、克拉克、贝恩、谢勒等。

1938年梅森建立了产业组织研究小组，开始对市场竞争过程的组织结构、竞争行为方式和市场竞争结果进行实验性研究。1939年，梅森出版了《大企业的生产价格政策》一书，提出了产业组织的理论体系和研究方向。

1940年，克拉克发表了《论有效竞争的概念》一文，对产业组织理论的发展和体系的建立产生了重大影响。

1959年，梅森的学生贝恩出版了第一部系统论述产业组织理论的教科书《产业组织》，为个别产业的具体分析和实证研究提出了理论基础和研究路径，尤其是对产业集中度、产品差别化、进入壁垒、规模经济性的有关研究，以及对市场结构与市场绩效关系的分析，在世界学术界产生了深刻影响。

1970年，谢勒出版了《产业市场结构和经济绩效》一书，进一步揭示了市场行为与市场绩效之间的关系，总结了有关市场行为，特别是价格形成，广告活动、研究开发等方面的研究成果，弥补了贝恩在《产业组织》一书中对市场行为论述的不足，将哈佛学派的产业组织理论体系向前推进了一步。

2.哈佛学派产业组织理论的基本观点

哈佛学派首创了产业组织的理论体系。这一理论体系由具有因果关系的市场结构、市场行为和市场绩效三个要素构成，构造了一个既能深入具体环节又有系统逻辑体系的SCP分析框架。他们认为，市场结构决定企业的市场行为，企业的市场行为决定市场运作的经济绩效。因此，为了获得理想的市场绩效，最重要的是通过公共政策来调整和直接改善不合理的市场结构。由于哈佛学派将市场结构作为产业组织理论的分析重点，因此信奉哈佛学派理论的人通常也被称为结构主义者。

在哈佛学派的SCP分析框架中，产业组织理论由市场结构、市场行为、市场绩效这三个基本部分和政府的公共政策组成，其基本分析程序是按"市场结构—市场行为—市场绩效—公共政策"展开的。

所谓市场结构，是指市场内竞争的激烈程度以及价格形成等产生战略性影响的市场组织特征。决定市场结构的因素主要是市场集中度、产品差别化程度和进入壁垒。

市场行为是指企业在充分考虑市场的供求条件与其他企业关系的基础上所采取的各种决策行为,具体包括企业定价行为、广告行为、创新行为、兼并行为、协调行为等。

市场绩效是指在一定的市场结构和市场行为条件下,市场运行的最终经济效果,主要从产业的资源配置效率、利润率水平、规模经济、技术进步状况等方面,直接或间接地对市场绩效的优劣进行评价。如果按照这些评价标准判断市场绩效低下时,就需要对市场结构进行政策介入。

产业组织政策是指为了促进资源在产业内企业间的合理配置以获得理想的市场绩效,由政府制定的用以引导和干预市场结构和企业市场行为的政策。它包括保护和鼓励竞争的反垄断政策(反托拉斯政策)、反不正当竞争行为政策以及中小企业政策,以及适用于自然垄断产业的政府直接规制政策等。

3. 哈佛学派的产业组织政策主张

哈佛学派认为在高度集中的市场中容易达成垄断合谋并形成限制产出、固定价格、市场协议分割、默契的价格领导等行为,这就必然会影响市场绩效,所以必须由法令来限制这类行为,其倡导的公共政策主要是反垄断。

4. 哈佛学派产业组织理论的缺陷

哈佛学派的 SCP 范式及政策主张虽统治了主流产业组织学界半个世纪,但其本身仍存在许多难以克服的缺陷。第一,SCP 范式缺乏坚实可靠的理论基础,其理论缺乏逻辑上的必然性,只是经验性的描述。第二,SCP 范式从来没有否认市场结构之外的因素对市场行为的影响,也承认市场行为对市场结构存在反馈性质的影响,但由于它在根本上仍然过于强调市场结构对市场行为的决定作用,并且又不可能对策略性行为的逻辑做出清楚的解释,以致以 SCP 范式为基础的主流传统产业组织理论不仅一直难以有效解释不完全竞争条件下的企业行为,而且除了一些描述性的所谓的行业基本条件之外,也几乎不可能再有新的重要因素被纳入 SCP 分析框架中,如企业的产权结构与治理结构、信息不对称、有限理性和交易费用等。第三,SCP 范式所推崇的跨部门经验研究存在着来自数据采集和模型设计的天生缺陷。其缺陷主要表现如下。①尽管贝恩早就注意到了作为政府统计口径的产业与产业组织理论所研究的产业之间的重大差别,但在几乎所有的跨部门研究中,主流传统产业组织学者仍然不得不使用政府提供的统计数据。这样,有关研究不仅常常忽视外国竞争和区域性市场的存在,而且没有根据经济学意义上的产品市场来定义产业。对于在多个市场上经营的多元化企业,没有令人满意的处理方法。②在建立模型的过程中,设置一些指标来反映相应的变量也是相当困难的，如预期以及产品和技术的基本属性这种对分析非常重要的变量。而如果跨部门回归分析这些不可观察的变量与自变量的相互关系，那么有关系数的估计值也难免会发生重大偏差。③在运用跨部门数据来鉴别关键性结构参数方面，有关模型设计也存在难以克服的困难。众所周知，只要均衡的偏差与诸自变量无关，那么跨部门分析便能揭示各种长期均衡之间的差别。然而，同样人所共知的是，在长期过程中，几乎所有可观察的产业层面的变量都受到企业决策的影响，从而在逻辑上就是内生的。这样，即使忽视了这一矛盾，也不可避免地会使估计所得的参数存在一种以上结构方面的合理解释，而其中还不乏相互对立的解释。

（二）芝加哥学派的产业组织分析理论

1. 芝加哥学派产业组织理论的形成

产业组织理论的芝加哥学派产生于 20 世纪 60 年代初，主要代表人物有斯蒂格勒、德姆塞茨、布罗曾、波斯纳等。芝加哥学派的产业组织理论对 20 世纪 80 年代以来美国里根、乔泊·赫伯特·沃克·布什政府时期反垄断政策和规制政策的转变产生了很大的影响。

斯蒂格勒长期从事产业组织理论研究，对芝加哥学派的形成做出了重要的贡献，其较有影响的研究涉及垄断、寡占与兼并、市场容量与劳动分工、规模经济、信息理论和政府规制等诸多领域。由于斯蒂格勒对上述产业组织理论的开创性研究和巨大贡献，他获得了 1982 年诺贝尔经济学奖。

2. 芝加哥学派产业组织理论的基本观点

在哈佛学派的 SCP 分析框架中，市场结构是基本决定因素，不同的市场结构会产生不同的市场绩效。而芝加哥学派则认为，市场绩效起着决定性的作用，不同的企业效率形成不同的市场结构。正是由于一些企业在激烈的市场竞争中能取得更高的生产效率，所以它们才能获得高额利润，并且促进了企业规模的扩大和市场集中度的提高，形成以大企业和高集中度为特征的市场结构。

芝加哥学派认为，高集中度市场中的大企业必然具有高效率的特征，而这种高效率的产生主要在于大规模生产的规模经济性、先进的技术和生产设备、优良的产品质量、完善的企业组织和管理等因素。芝加哥学派特别注重判断集中度与定价结果是否提高了效率，而不是结构主义者那样只看其是否损害了竞争。

在芝加哥学派看来，如果高度集中的市场上长期出现高利润率，这只能

说明该市场大企业的经营效率高。因为未建立在高效率经营上的高利润水平，都会招致其他企业的大量进入而使利润率很快降至平均水平。正是各个企业通过合理的选择并采取最优行为所带来的结果，使得在适者生存的法则下，效率高的企业市场占有率不断扩大，才导致高集中市场的出现。从这一立场出发，芝加哥学派对哈佛学派的 SCP 分析框架进行了猛烈抨击，认为与其说存在着市场结构决定市场行为进而决定市场绩效这样的因果关系，倒不如说是市场绩效或市场行为决定着市场结构。

3. 芝加哥学派的产业组织政策主张

芝加哥学派在产业政策上的主张为：一个政府对其合意的市场绩效所能做的事情就是不参与，要让市场力量自动起调节作用。他们对政府在众多领域的市场干预政策的必要性持怀疑态度，认为应尽可能地减少政策对产业活动的干预，以扩大企业和私人的自由经济活动范围。他们断言，在现实经济生活中并不存在哈佛学派所认为的严重的垄断问题；生产日益集中在大企业手里，有利于提高规模经济效益和生产效率；大公司的高利润完全可能是高效率的经营活动所带来的结果，而与市场垄断势力无关。因此，他们主张放宽反托拉斯政策的实施和政府规制政策。芝加哥学派的这种反垄断政策立场与 20 世纪 60 年代以来积极提倡实施严厉的反垄断政策的哈佛学派形成了鲜明的对立。

除个别部门外，芝加哥学派在原则上反对政府以各种形式对市场结构进行干预，反对哈佛学派所主张的对长期存在的过度集中的大企业采取分割政策和实行严格兼并控制的做法。他们认为，大企业的形成和生产的集中是通过企业内部或外部的增长来实现的。企业内部增长无非表明这些企业具有超越竞争对手的生产效率，如果对这种通过内部增长形成的大企业进行分割，就等于破坏了效率增长的源泉。同样，兼并是企业实现外部增长的基本途径，兼并会使经营不善、效率低下的企业转变为具有生存能力、效率高的企业，从而提高社会资源的配置效率。只要不存在人为的市场进入规制，潜在的竞争压力会迫使兼并后的大企业仍然置于竞争的压力之下，因此，除了个别情况（如高度寡占市场上的横向兼并）以外，政府没有必要对企业兼并采取严格的控制政策。

芝加哥学派认为，反托拉斯政策的重点应放在对企业的市场行为进行干预上，其中主要是对卡特尔等企业间价格协调行为和分配市场的协调行为实行禁止和控制，因为唯有这些市场行为限制了产业，而未能提高生产效率，从而损害了消费者福利。

20 世纪 70 年代以后，由于传统产业国际竞争力日趋减弱，美国经济出现了大量的财政赤字和贸易赤字，一些重要产业的生产活动向国外转移，发生了所谓的产业空心化现象。许多人士认为，实施过分严格的反垄断政策和过分且无意义的规制政策是美国经济丧失活力的重要原因，而反垄断政策的目的在于实现经济效率的观点已被越来越多的人所接受。

1981 年，里根就任美国总统后，就任命信奉自由主义的贝格斯特和米勒分别担任美国司法部反托拉斯局局长和美国联邦贸易委员会主席，之后波斯纳又被任命为美国联邦上诉法院的法官，芝加哥学派成了美国垄断政策的主流，并直接推动了美国反垄断政策的重大转变。20 世纪 80 年代，反托拉斯局提诉的案件几乎都是卡特尔案件。1981 年至 1985 年，反托拉斯局提诉的垄断行为案仅有 3 件，同期提诉的合并案有 28 件，比以往都有大幅减少，联邦贸易委员会的反托拉斯案同样也大幅减少。20 世纪 80 年代美国这一系列的变化被称为反垄断政策的"芝加哥革命"。

（三）新奥地利学派

1. 新奥地利学派的形成

产业组织理论的新奥地利学派的代表人物有：米塞斯、米塞尔最重要的学生和追随者哈耶克，以及在英国和美国曾受教于他们的柯兹纳，另外还有罗斯巴德、阿门塔诺、斯巴达罗、李特勒其德、里奇等。虽然这一经济学派被称为新奥地利学派，但这些代表人物实际上都活跃在美国和英国的学术界。

米塞斯在 1996 年出版的《人的行为》一书中，详细论述了新奥地利学派的方法论。在米塞斯看来，历史事件是由许多因素造成的复合结果，它们并不是简单、一致的事件，并不像实证主义认为的那样可用来检验理论。因此，他认为不加批判地将物理学的方法应用于社会科学现象，在经济学领域采用与自然科学相同的工具进行分析是不合适的。从这一观点出发，米塞斯主张任何经济现象都应该运用人类行为科学的方法。

2. 新奥地利学派的基本观点

新奥地利学派对传统哈佛学派的反垄断政策基本持批判态度。与芝加哥学派一样，新奥地利学派也信奉自由主义，赞赏市场有秩序的结构，但其在理解这种结构实际是怎样取得时，又是按照自己独自的方法论对市场过程进行剖析的，其基础理论与芝加哥学派有很大的区别。

新奥地利学派在理解市场时强调正在进行的经济过程，而不是新古典主义的均衡分析。他们认为，现代的竞争均衡假设存在的情况其实应该是竞争

过程的结果。他们对新古典经济学派价格理论的最核心挑战，就是假定完全竞争概念。在新奥地利学派看来，完全竞争理论从各种假设条件出发是本末倒置的，没有对竞争过程做出任何有用的解释。哈耶克指出，完全竞争概念的问题在于它描述了一个均衡的状态，却不谈导致均衡的竞争过程。"竞争"的本来含义是为某种利益相互争夺、竞争。在现实经济生活中，各企业围绕产品质量、价格、成本和新产品开发互相竞争，这一对抗性过程才是竞争的本意。但是完全竞争概念夺走了企业与动词"竞争"理所当然结合在一起的一切行为过程。在完全竞争模型中，企业不提高或降低价格，不区分产品，不做广告宣传，也不试图针对其竞争者来改变成本结构，而是做一些在动态经济过程中企业应做的任何其他事情。完全竞争理论在其定义中完全排除了所有这些竞争因素，而仅仅描述了作为竞争结果的均衡状态。因此，完全竞争实际上意味着没有一切活动，这一概念本身有竞争之名而无竞争之实。

与其他许多领域一样，新奥地利学派的产业组织理论的基础是奈特式不确定性概念。在不确定的环境中，不是所有的未来自然状态都能被赋予一个概率。不确定性使得完全竞争模型无法用来解释现实的市场经济。因为这种竞争分析的基本前提之一就是市场参与者都具有充分掌握市场信息和知识的能力及条件，而不存在不确定性，即所谓的"信息的完全性"。新奥地利学派认为，完全竞争理论的这一前提不仅是非现实的，而且还会对人们产生误导。因为，如果在现实经济生活中存在完全信息，那么可利用资源的有效配置这一最重要的经济问题就可迎刃而解。实际上，无论是政府还是个人，都不可能掌握完备的知识和信息，这不仅因为知识和信息是分散在千百万人脑海中的，也因为这些知识和信息是千变万化的。因此，经济运营的根本问题就在于如何发现和利用分散的知识和信息，使资源运用于社会有用度更高的方面，而这只有通过竞争的市场才能实现。哈耶克提出："市场秩序之所以优越，这个秩序之所以照例要取代其他类型的秩序（只要不受政府权力的压制），是因为它在资源配置方面运用着许多特定事实的知识，这些知识分散地存在于无数人中间，而任何一个人是掌握不了的。"新奥地利学派把市场看作是分散的知识和信息的发现过程，认为如果不是从知识和信息的不完全性出发，就不可能真正把握市场经济的本质。

在新古典主义理论中，企业家的作用是静态和被动的，这反映了该理论强调的是完全信息和完全市场，这种市场会进行一切必要的协调，这使管理和决策变得无足轻重，企业家的干预也变得可有可无。而新奥地利学派则从不完全信息出发，在理解市场时强调过程学习和发现，认为竞争性市场过程是分散的知识、信息的发现和利用过程，因而他们特别强调企业家及其创业精神在这一过程中的重要作用，强调在市场竞争中企业家是如何知道资源的流动以最好地满足消费者需要的。柯兹纳充分发展了米塞斯的人类行为概念，认为经济生活的手段与目的之间的关系并非一成不变，而要受有创造性的人的行为的制约，他将这种创造性的作用定义为创业精神。它在本质上是指发现新的人们希望被满足的需求，以及满足这些需求的新资源、新技术或其他手段的能力。在要素投入价格低于最终产品价格的市场状态下，本来就存在着获利机会。而企业家就是发现这些市场上已存在但未被注意的机会，并通过比其他人更好地满足消费者来利用这些机会的人。在柯兹纳看来，市场不均衡是因为市场参与者的无知，即市场上存在着未被发现或者因信息不完全造成错误决策而失落的利润机会。按照这种观点，市场过程实际上也就是不均衡的调整过程，而企业家则在这一过程中起着维护均衡的作用。良好的经济绩效只有不断通过这一试错过程，通过学习和发现知识才能得以实现。由于这一过程被认为是有益和必需的，因此新奥地利学派的学者们强烈反对政府对产业的过多干预，认为政府的知识和信息也是不完全的，政府的干预反而会扭曲市场调整过程，最终损害经济基础绩效。

3. 新奥地利学派的政策主张

新奥地利学派从市场是对抗性过程这一基本观点出发，对哈佛学派的结构主义政策进行了猛烈抨击。在新奥地利学派看来，竞争的强弱是无法用集中度或企业数和市场占有率这些尺度来衡量的，因为竞争源于企业家的创业精神，而这种创业精神又是其他企业所无法夺去的。因此，只要确保自由的进入机会，充满旺盛创业精神的市场就能形成充分的竞争压力，而与该市场的集中度高低无关。对于产品差别化，新奥地利学派认为与其将它视为影响垄断程度的一个因素，倒不如将其视为正常竞争的一种重要手段。企业常常凭借这一手段来发现和利用新的利润机会，消费者也借此来获得最大的满足。因此，产品差别化是市场过程中不可或缺的重要因素，是竞争的具体体现。对于进入壁垒，新奥地利学派的观点与哈佛学派也存在着很大的分歧：新奥地利学派认为传统的作为进入壁垒因素的规模经济性、产品差别化和绝对费用等都不能排除竞争，因为新企业能否进入市场根本上取决于企业家的努力，只要新企业的供给符合消费者的需求，进入市场的大门始终是敞开的。在他们看来，唯一成为进入壁垒的是政府的进入规制政策和行政垄断政策。因此要实行最有效促进竞争的政策，首先应该废除那些过时的规制政策和不必要的行政垄断政策。

新奥地利学派和哈佛学派在对待反垄断和规制政策上的分歧也反映在他

们对两种不同经济效率的性质和重要性的不同看法上。哈佛学派强调配置效率，即完全竞争标准和平均利润率形成的重要性，而新奥地利学派则认为，人类福利的提高源于生产效率——新产品技术的引入。对企业内部生产效率优势的强调，使新奥地利学派比其他经济学派对大规模的企业组织甚至享有一定垄断势力的企业持更为宽容的态度。在新奥地利学派看来，市场过程也是自然淘汰的过程，只要不是由于行政干预，垄断企业实际上是经历了市场激烈竞争而生存下来的最有效企业。哈耶克对画地为牢的垄断与以高效率为基础的垄断加以区分，认为前者的代价超过了其存在的必要，但后者并无坏处，因为一个提供相同或类似商品或服务的企业有了更高的效率，垄断会消失或者被迫调整，以适应市场条件。他们认为，由于受到来自新企业、新管理和新思维的竞争威胁，即便是垄断企业，其地位也是摇摆不定的。

第二节　新产业组织理论与产业规制理论

一、新产业组织理论

产业组织理论一方面沿着 SCP 范式的方向发展为"新产业组织学"。新产业组织理论在研究方向上不再强调市场结构，而是突出市场行为，将市场的初始条件及企业行为看作一种外生力量，而市场结构则被看作内生变量，并且不存在反馈线路，寻求将产业组织理论与新古典微观经济学进行更加紧密结合的方法。在研究方法上，20 世纪 80 年代前后，以泰勒尔、克瑞普斯等人为代表的经济学家将博弈论引入产业组织理论的研究领域，用博弈论的分析方法对整个产业组织学的理论体系进行了改造，逐渐形成了"新产业组织学"的理论体系。

近年来崛起了以科斯等人的交易费用理论为基础，从制度角度研究经济问题的"新制度产业经济学"，也称"后 SCP 流派"，其代表人物有科斯、诺斯、威廉姆森、阿尔奇安等人。该学派组织理论的主要特点在于引入了交易费用理论，认为企业的边界不单纯由技术因素决定，而由技术、交易费用和组织费用等因素共同决定，其主要观点如下：借助于资产专用性、有限理性和机会主义等概念，当市场交易活动产生的交易费用大于企业内部的组织费用时，企业规模应当扩大，企业之间应当实行兼并、联合，反之，企业规模应当缩小；企业组织也是对资源进行配置的一种合理、有效方式，企业组织这只"看得见的手"和市场机制这只"看不见的手"共同参与对资源的配置。新制度产业经济学对交易费用经济学的理论体系、基本假说、研究方法和研究范围做了系统的阐述，彻底改变了只从技术角度考察企业和只从垄断竞争角度考察市场的传统观念，为企业行为的研究提供了全新的理论视角，对产业组织的深化起了直接的推动作用。如果说主流产业组织理论注重产业组织之间的关系，那么新制度经济学则将研究重点深入企业内部，从企业（公司）内部产权结构和组织结构的变化来分析企业行为的变异及其对市场运作绩效的影响。

另外，企业代理理论集中探讨代理人目标偏离及其治理问题。例如，法玛、霍姆斯特姆和哈特提出的"现代企业外部约束机制"理论指出完善的经理人市场是约束治理者行为的一种有效机制；爱德华兹和汉南等人提出，若能保持产品市场上的充分竞争，产品市场也是一种有效的约束机制；法玛在《代理问题与企业理论》一文中指出，有效率的股票市场同样也是一种约束代理人的有效机制；詹森和梅克林在《企业理论：经营者行为、代理费用与产权结构》一文中提出了企业融资约束机制理论，指出通过债权和股权两种融资方式的合理搭配，可以产生一种对经营者行为的约束机制。格罗斯曼与哈特以及哈特与莫尔的经典文献合称不完全契约理论（GHM 理论），构成了产权理论原始意义上的基本框架，后经哈特的进一步工作，该理论在体系上趋于完善。财产权利理论（PRT）把契约权利分为两种类型——特定权利和剩余权利。财产权利理论认为，当在契约中列出所有的针对资产的特定权利代价很高时，让某一参与人购买所有的剩余权利可能是最优的，而且不可缔约性越强，剩余控制权的作用就越重要。财产权利理论得到的一些重要命题如下：在任何一种所有权结构下，都存在关系专用性资产的投资不足；假如一方的投资决策是无弹性的，那么最好把所有的控制权都给予另一方；假如一方投资是相对缺乏生产力的，那么另一方就应该拥有全部控制权；假如两种资产是互为独立的，那么非合并就是最佳的；假如两种资产是严格互补的，那么某种形式的合并就是最佳的；假如一方的人力资本是必要的，那么该方拥有全部控制权是最佳的；假如双方的人力资本都是必要的，那么所有的所有权结构都同样好。

新产业组织理论主要体现了以下内容。①在理论基础上，广泛汲取了现代微观经济学的新思想，修正了传统产业组织理论基于新古典主义的理论假设。新产业组织理论把交易费用理论、产权理论、代理理论等都纳入了对企业行为的分析框架，为理解企业与市场的关系以及企业内部组织结构、权利配置等提供了新的视角。②在研究重点上，由市场结构转到企业内部组织与企业行为上，即由结构主义转向行为主义。新产业组织理论侧重于分析企业内部的产权结构、组织形式等对企业行为的影响。这与传统产业组织理论视

市场机制为唯一的资源配置方式，企业只是由技术水平决定的规模不等的生产单位的处理方式截然不同。同时，新产业组织理论认为企业行为是企业决策者基于自身的组织结构和经营目标的决策结果，并不只受市场结构的影响，在市场结构与企业行为的关系上，二者并不是单向的决定关系。③在研究方法上，广泛引入了博弈论和正规微观经济学模型，也开始注重理论与实证研究的结合。20 世纪 80 年代前后，以泰勒尔等人为代表的经济学家将博弈论引入产业组织理论的研究中。博弈论的运用有助于说明企业间行为的互动关系，为经济学家理解和分析垄断和寡占的市场结构、不完全竞争市场的定价、企业战略行为以及反垄断规制等问题提供了强有力的分析工具。同时，越来越多的正规微观经济学模型也深化了对产业组织的研究。而且，随着实证研究技术的发展，过去截然区分理论研究与实证研究的界线逐渐消失，理论研究与实证研究得到更好的融合。④在政策主张上，相对于传统产业组织理论的反垄断政策而言，新产业组织理论的反垄断政策发生了较大变化，主要体现在：分析重点从市场结构上转到企业行为上；反垄断政策的目标取向由过去的保护消费者利益逐渐转移到市场效率上，在效率优先的前提下兼顾消费者利益；反垄断政策有了明显松动。政府政策应着眼于市场是否存在充分的竞争压力，而不必匆忙进行反垄断起诉。

（一）产业组织理论的研究方法与工具的演进

20 世纪产业组织理论的长足发展集中体现在其研究方法的巨大变化上，分析方法的变化带来的是产业组织理论研究深度的推进和广度的拓展。产业组织理论的诸多创新在很大程度上得益于研究方法的演变，研究方法的演进甚至在某种意义上体现了产业经济学的发展脉络。经济学的研究方法取决于它所研究的内容和对象，单一的方法难以满足各个领域的需要，所以产业经济学的研究方法是一个研究方法的集合，包括实证方法与规范分析、定性分析与定量分析、静态分析与动态分析、统计分析与比较分析、博弈分析法与结构分析法以及系统动力学方法等。

实证方法是产业组织理论最基本的分析方法，它在整个产业组织学的方法论集合中居核心地位。实证研究分为理论研究和经验研究两部分。就方法论而言，产业经济学也是一门具有强烈规范经济学色彩的应用经济学，在有关理论的研究分析中，其有关判断或结论的得出都是以一定的价值观标准为前提的。

产业组织学中的经验性规律大多是综合应用静态分析方法与动态分析方法的结果。静态分析常被称为横断面分析，虽然一般而言静态分析是动态分析的起点和基础，但产业组织学研究进行的主要是动态分析和时间序列分析。产业组织学中有许多研究成果是通过大量的统计分析总结出来的，归纳一般规律需要运用统计分析方法，而在研究具体国家产业问题时又往往需要运用比较分析的方法，与相应国家或地区的产业状态进行比较。

结构主义的分析方法十分重视产业结构和市场结构，认为系统的行为是由系统的结构决定的，所以十分注重研究产业与产业之间的关系结构以及产业内各企业相互作用的关系结构，并由此结构出发研究整个产业的整体行为。

系统动力学方法是通过分析社会经济系统内部各变量之间的反馈结构关系来研究整个系统整体行为的理论。系统动力学认为系统的行为是由系统的结构决定的，这一点与结构主义分析方法一致。系统动力学进一步指出，系统的结构是动态反馈结构，可用控制论的方法来研究，所以系统动力学尤其注重各经济变量之间的动态反馈结构，而对变量的精确度要求不高，因此系统动力学特别适合于像产业经济这种许多方面难以定量的复杂系统研究。国外已有许多学者运用系统动力学的方法来研究产业组织、产业结构等诸多产业经济对象，取得了令人满意的结果。

从时间上看，20 世纪 50 年代案例分析是产业经济学最主要的研究方法，哈佛学派和芝加哥学派都曾广泛使用这种方法，并且取得了许多重大的研究成果。案例法特别适用于无法精确定量分析的实际复杂经济事例，非常有助于揭示普遍经济规律在不同的实际环境中所表现的不同形式，有助于培养经济研究人员对实际经济事务中所蕴含的经济规律敏感性。

20 世纪 60 年代以后，经济计量学方法成为产业经济学的主要研究方法，是产业经济学转入实证以后采用的主要方法，目前仍是主要的实证研究方法。20 世纪 60 年代中后期，随着在经济计量学方法方面受过良好训练的新一代学者的出现，也由于电子计算机和经济计量学软件的迅速普及，利用结构—绩效模式横断面数据进行回归分析，一时间几乎成为产业组织问题研究的时尚。总之，这一时期研究的基本脉络是运用案例研究和计量分析来建立和验证 SCP 范式及其内在的逻辑关系。

（二）新产业组织理论的缺陷

首先，不完全信息条件下的策略性行为的多阶段博弈的多重均衡，虽然从理论上来看是非常完美、精确的，也充分体现了理论分析所应具备的严密逻辑，但问题是，在现实生活中，有限理性的决策者似乎不太可能进行如此复杂的博弈。也就是说，理论上的演绎推理似乎夸大了现实企业的决策能力。

其次，博弈论模型的结论所依赖的一系列假设过于精细，以致其中一个

出现细小变化都足以导致有关结论失去赖以立足的基础，甚至出现截然相反的结果。

最后，运用博弈论模型所得出的结论难以获得足够的经验分析支持。早在 20 世纪 80 年代，不少学者就已经指出新产业组织理论中少有可应用现实数据加以验证的模型。虽然近年来许多新产业组织论者也纷纷致力于可供验证的理论假说研究，特别是那些与公共政策直接有关的现实问题的研究，但受博弈论方法本身的限制，至今仍难见有显著的成效。

正是上述博弈论方法运用于策略性行为分析的缺陷，再加上寡占模型本身所固有的极度多样化，使得在博弈论方法一统产业组织理论研究的表象背后，新产业组织学的内部结构出现了"类似某种由不规则的碎片所组成的几何体"的格局。产业组织学文献"目前已成为一个由高度精致和特定的模型构成的迷宫，每一模型得出的结论只能应用于满足模型假设的特定场合"。而困难的恰恰正是"只有通过考察各种分析路径，并在各种正统模型的经验性检验结果中寻找规律性的东西，才可能得出一般化的结论"。虽然新产业组织理论所构建的理论体系无疑是传统产业组织理论所无法比拟的，但其发展远没有达到足以完全取代传统产业组织理论的地步。

二、产业规制理论

规制经济学是 20 世纪 70 年代以后逐步发展起来的一门新兴学科。它主要研究在市场经济体制下政府或社会公共机构如何依据一定的规则对市场微观经济行为进行制约、干预或管理，即主要是沿着规制机构对经济主体的进入和退出、价格、产量及服务质量等有关行为这一思路展开的。早期的规制经济学文献一般将重点放在对公共事业规制的研究上，斯蒂格勒起初也把规制看作为产业所需并按其利益设计运行的国家权力。此后，乔斯科和诺尔全面总结了竞争与非竞争产业的价格与进入规制。1981 年，斯蒂格勒又将规制的范围扩展到所有的公共—私人关系中。此外，鲍莫尔和奥茨对环境的规制及政策问题进行了探讨；维斯凯西（Viscusi）对产品及作业安全的规制问题也做大量研究。这些工作将规制研究的理论背景扩展到了福利经济学、公共财政学以及不确定条件下的决策科学领域。特别是近 20 年来，经济学家看待经济规制的方式以及政府和国际组织应用经济规制的方式已经或正在发生深刻的变化。规制理论的演进过程正是这一变化的真实写照。

（一）规制理论的发展过程

通过考察产业组织理论的发展过程，我们可以发现产业组织理论的发展与西方发达市场经济国家，特别是美国的经济发展阶段紧密相连。而规制政策集中体现了各个时代产业组织理论各个流派的发展与位置，因此可以想象在哈佛学派与芝加哥学派占主流地位时，规制政策的指导思想和重点会有很大的区别。因此，产业组织理论的发展过程实际上反映了规制理论的产生和发展过程。

一般认为规制理论的发展经历了三个阶段，即实证理论的规范分析阶段、规制俘获理论阶段和规制经济理论阶段。

1. 实证理论的规范分析

在实证理论的规范分析阶段，人们认为规制发生在那些存在着市场失灵的产业。存在市场失灵的产业基本上具有自然垄断的特征（成本的次可加性），这个假设最初被认为是公共选择理论，后来被称为实证理论的规范分析。这种实证理论的规范分析假定政府规制的目的是通过提高资源分配效率来增进社会经济福利，并假定政府规制者专一地追求这一目标。规制公共利益理论产生的直接基础是市场失灵。当市场失灵出现时，从理论上讲，规制有可能带来社会福利的提高。在此情况下，政府规制便具有潜在合理性。显然这意味着政府是公众利益的保护者，而不是某一特定部门利益的保护者。正因为如此，该理论在很长的一段时期内一直以正统的理论而在政府规制经济学中居统治地位。

然而，仔细分析不难看出，实证理论的规范分析至少存在以下几个问题。第一，实证理论的规范分析认为，规制会在市场失灵时产生，但这只是一个假定而不是一个可以检验的预测。因此，实证理论的规范分析是一种不完整的理论。第二，市场失灵并非一定要通过政府才能解决。例如，对于有些外部性，通过当事人双方的私人协议安排也能处理好。尽管政府在矫正市场失灵时具备一些特殊的优势，但事实上，日常生活也是如此，市场的运行依赖于政治制度的各种强制性权力。国家运用这些权力，建立并保障市场上的权力，直接提供某些基本的服务，并间接地创造出充满信任和理解、有安全保障的环境，这种环境对企业的日常生产是至关重要的。第三，对实证理论规范分析的最严厉批判来自"现实世界的大量被规制产业既不是自然垄断产业，也不具有外部性"这一事实。1974年，波斯纳指出："15年来的理论和实证研究表明，规制与外部经济或不经济以及垄断的市场结构之间并没有正相关性。"在许多情况下，有些产业或企业对立法机关进行游说，以争取被规制。19世纪80年代后期，美国采取的对铁路行业的规制以及后来对美国电话电报公司（AT&T）的地方规制和对长途电信业的规制就属于这种情况。

显然政府的这种规制行为对被规制企业是有利的。这样就出现了规制的实际效果与政府所宣称的或该理论所认为的规制目标的偏离现象。另外，该理论最大的缺陷还在于其假定政府制定和执行政策的过程是没有成本的，这显然与事实不符。

由于在许多情况下实证理论的规范分析自相矛盾，所以有些经济学家对其进行了修正：规制的动因是纠正市场失灵，只不过是规制者错误地运用了规制。但这种修正仍然不能回避前面的问题：实证理论的规范分析是一种不完整的理论；现实世界大量被规制产业既不是自然垄断产业，也不具有外部性。

2. 规制俘获理论

经济学家回顾了 19 世纪以来美国的规制史，发现规制和市场失灵之间并没有很强的相关关系；相反，从 19 世纪以来规制总是对生产厂商有利的。这一现象的存在导致了规制俘获理论的产生。

规制俘获理论认为，政府规制是为了满足产业对管制的需要而产生的（立法者被产业所俘获），而规制机构最终会被产业所控制（执法者被产业所俘获）。这一理论的最大贡献者斯蒂格勒于 1971 年指出："经济规制的中心任务是解释谁是规制的受益者或受害者，政府规制采取什么形式和政府规制对资源分配的影响。"他通过完整的研究得出：受规制产业并不比无规制产业具有更高的效率和更低的价格。1976 年，佩尔特茨曼在对市场失灵、对政府规制结果的预测，以及推断政府在经济规制上的有效性这三个层次上更全面地阐述了规制俘获理论。他认为无论规制者是否获得利益，被规制产业的产量和价格并没有多大的差异，其主要差别只是收入在各利益集团之间的分配。而威廉姆森则认为政府规制是在消费者与企业之间、企业与企业之间组织交易的一种方法，这种方法在不存在政府规制的情况下，让具有不同市场力量的消费者和企业实现外部交易更为有效。

规制俘获理论建立在三个假设之上。第一，所有的利益各方——自然垄断产业、立法者、规制者甚至消费者都是纯粹的经济人，也就是说，都是收入最大化的追求者。第二，所有各方面都具有理性的预期。第三，规制是没有成本的。由于这三个假设，规制俘获理论的结论也只能作为一种极端的推论。同时，它受到的最大挑战在于它不能说明为什么有些产业最初是被规制的，而后来又被放松规制这一现象。

3. 规制经济理论

现实的经济现象表明：①规制与市场失灵并没有太强的相关性（这点与

实证理论的规范分析相冲突）；②规制也并不是一味地偏袒被规制者（这点与规制俘获理论相冲突）。因此，有必要形成一种能够解释所有这些现象的理论，同时它还得在一定程度上说明为什么一些原来受规制的产业后来又被部分或完全放松了规制。

规制经济理论在国家控制资源、各利益主体具有自己最大化效用的理性前提下，指出规制是应利益集团最大化自己收入的要求而生的。斯蒂格勒与佩尔特茨曼分析认为：第一，规制立法机构起着重新分配社会财富的作用；第二，立法者的行为是受谋求继续在位的动机驱动的，即立法是为了最大化立法者的政治追求；第三，利益集团之间互相竞争者向立法者提供政治支持以换取对自己有利的立法。由上述三个因素所得出的一般结论是，立法总是对那些组织良好的利益集团有利（他们能够更有效地提供政治支持），所以这些利益集团能够从规制立法中受益较多（所以他们才愿意花费资源来取得政治支持）。更明确地讲，规制立法总是对小利益集团更为有利，因为小利益集团比大利益集团更能体会到从有利的立法中获得的好处。原因为：当某一利益集团认识到他们需要某种立法时，必定是利益集团中的每一个成员都有从中获益的可能，而且仅仅就利益集团作为一个整体从某种规制立法中得到好处是不够的，其关键在于要使每一个成员获得足够的收益，以激励他们投入资源。在大利益集团中，"搭便车"现象比小利益集团更为严重。在小利益集团中，成员个人对利益集团的影响比较大，而且其平均获益也会比大利益集团的成员多，所以对利益集团的认同感强，"搭便车"的现象也就比大利益集团要少。

在斯蒂格勒和佩尔特茨曼建立的规制模型中，立法者或者规制者选择最优政策以使对自己的政治支持最大化。盖利·贝克的规制模型则强调利益集团之间的竞争，由此而得出的结论是规制倾向于增加具有较大影响力的利益集团的福利。由于利益集团之间为了产生更大的政治影响而进行的竞争将会导致经济资源耗尽，故而其结果是帕累托无效率。斯蒂格勒、佩尔特茨曼和贝克的模型的最重要假设是利益集团直接影响规制政策。实际上，规制的过程没有这么简单，我们必须看到这一过程中其他角色所起的作用。而且，规制的经济理论不无例外地使用了效用最大化作为规制过程中有关各方的目标函数。但是，对于不同的主体而言，效用最大化是一个比较含糊的概念。对于规制立法者而言，他们使什么最大化呢？一般来说，比较合理的假设是规制者会使自己的效用最大化。就像威廉姆森的经理效用最大化模型一样，身份、地位与安全等因素对于规制者而言就显得非常重要了。但是，它仅仅作为一种理论，并不具有太强的可操作性。阿雷西朝可操作性方面迈进了一

步，但仍不令人满意。由此可见，规制立法者不可能完全是利益集团的傀儡，规制立法者也不可能完全控制规制者。所以，规制的经济理论也在一定程度上受到了质疑。

（二）放松规制

产业组织理论的发展没能超越美国各个时期经济发展的现状。自从 1888 年美国成立州际商业委员会并对铁路运输进行规制以来，规制的范围很快就涵盖了电力、通信、民航及金融等领域。这与当时生产日趋集中、企业规模不断扩大、寡头垄断成为普遍现象、卡特尔与托拉斯等垄断组织和形式有了一定发展的现实相吻合。但是，到了 20 世纪五六十年代，反对规制的呼声日益高涨，并促成了 20 世纪 60 年代末开始的放松规制运动。特别是美国《1996 年电信法案》的颁布，意味着电信市场的全面竞争与开放，这在世界范围都产生了非常大的影响。

放松规制有两个层次的含义：一是完全撤销对被规制产业的各种价格、进入、投资、服务等方面的限制，使企业处于完全自由的竞争状态；二是部分取消规制，即有些方面的限制性规定被取消，而有些规定继续保留，或者原来较为严格、烦琐、苛刻的规则条款变得较为宽松、开明，例如，在进入规制中，由原来的审批制改为备案制等。那么，是什么因素促使这些受规制产业都不同程度地被放松了规制呢？

1. 可竞争市场经济理论的挑战

可竞争市场理论是鲍莫尔、潘扎和伟利格提出的描述市场上厂商进入和定价行为特点的理论。可竞争市场是指一种由于存在潜在进入者的压力，市场在位者不能获得超额利润，其定价和生产资源配置都有效率的市场。很明显，可竞争市场对政府规制从理论上提出了挑战。在可竞争市场理论看来，经济性规制不再被认为是提高经济效率唯一的手段，即使在传统上认为是自然垄断的产业内，只要是可竞争的，那么即使没有政府的外部干预，垄断者也会制定一种可维持价格以获得平均利润，而不是制定垄断高价。因此，规制部门应该做的不是限制进入，而是降低产业的进入壁垒，使产业能够自由进出。

2. 政府规制的失灵

实行政府规制的本意是为了纠正市场失灵，但是由于个人私利、信息不对称等原因，政府规制也存在难以克服的缺陷：政府部门规模庞大，行政支出、规制费用不断上升，政府财政赤字增加；受规制的产业部门客观上受到政府的保护，可以稳定地得到收益，因而它们漠视消费者的需求，服务单一，成本上升，效率下降，供给不足。例如，美国政府长期以来所实行的投资回报率规制会导致 A-J 效应，即在利润最大化的驱使下受规制厂商有过度投资的倾向。有的受规制产业认为："若使我们的资产增加一倍，那么我们的收入也将增加一倍。""这是世界上唯一能通过重新装修办公室而增加利润的行业。"卡恩指出："（规制）压制了创新，庇护了低效率，鼓励了工资—价格螺旋上升；价格与边际成本的不一致促进了资源的错误配置，推动了以成本扩张、浪费为主的竞争，否定了公众对产品质量和价格的选择，而公众对产品质量和价格的选择原本在竞争性市场中是可以实现的。"再加上规制俘获理论的广泛传播，人们对规制的信心大减。他们认识到用政府规制的失灵去代替市场的失灵并不会产生一个完美的世界。尤其在技术进步迅速、人们消费需求日益多样化的现代社会，刻板僵化的行政程序越来越丧失民心。同时，西方民主选举所固有的弊病往往使笼络民心、减少财政赤字、缩小政府规模、取消政府规制成为政府吸引选民的一个卖点。

3. 产业间替代竞争的加剧

产业是生产类似特点产品的企业组合，在自然垄断产业中，由于垄断的存在，一个企业可以代表一个产业。但是，对于任何产品而言都存在着替代产品，而替代产品的存在使得垄断产业的市场力量不可能不受约束地发生作用。即便是受规制的垄断产业，也存在与替代产品之间的竞争，需要及时做出投资、生产、价格、服务等新的且及时的决策和改变，但是由于政府规制的存在，所有重要的决策都要经过政府规制部门的批准，而这种批准过程延缓了受规制产业的反应时间，往往会使这些企业在竞争过程中处于被动地位。这种存在着替代竞争的产业被称为结构性竞争产业，如铁路、航空、公路等运输部门。在不少国家，最先予以放松规制的就是这类产业，而且这些产业在放松规制后都取得了较好的效果。另外，由于存在所谓规制的时滞问题，所以规制机构很容易在错误的时间、错误的地点做出错误的规制决定。

4. 技术经济条件的变化使政府经济性规制的理论依据逐渐被削弱

政府进行经济性规制的主要论据是自然垄断，即由于市场需求不足，或者由于大规模固定资本的投资具有规模效率，所以市场上只有一个企业的社会生产效率最高、成本最低。当市场需求扩大、生产技术变化时，自然垄断的特点就会变得模糊。20 世纪初以来，技术发展的日益加快、新技术的层出不穷，特别是微电子技术的出现和不断成熟，使得陈旧落后的生产技术相继被新技术所淘汰。例如，在通信领域，光纤的发明、计算机技术的应用和卫

星通信的引入，使得通信不再是自然垄断性的。提供通信，特别是长途通信、电信增值业务并不需要太大的投资规模，而且这部分固定资本也不是沉淀的，所有这些都使得新企业加入电信领域成为可能并且可行。从经济的角度看，世界经济一体化进程的加快，使全球经济运作业务量迅速增加，也使社会对电子通信的需求日益加大。这些市场变得空前繁荣，业务量每年都成倍增大。市场的扩大使一家企业垄断市场的局面不再是最有效率的，而放松市场进入规制以吸引新的厂商，从而扩大供给，满足不断增长的需求才是明智的选择。

5. 世界经济一体化、国际间经济交往迅猛发展

世界经济一体化、国际间经济交往迅猛发展的趋势迫切要求拆除政府规制的藩篱。国际贸易、跨国投资、战略联盟等国际合作必须有一个开放、公平、自由的环境。现有的政府规制人为地阻碍了人、财、物的自由流动。但是国际经济一体化的潮流不可逆转，世界各国在经济交流中已在相互让步，彼此开放市场和提供机会，而这无疑意味着在传统领域所实行的政府规制必将逐步走向放松规制。

（三）规制理论的发展——激励性规制理论

不可否认，可竞争市场理论的确为放松规制提供了理论根据，但并不能据此全部取消规制。在许多情形下，尤其在强调自然垄断条件下，规制仍有存在的理由。由于规制的存在，规制失灵和规制成本上升将不可避免，也不可忽视。为了对继续保留的规制进行改革，新的规制理论，如激励性规制理论随着信息经济学的发展也应运而生。激励性规制理论的要点是，由于存在不对称信息，效率与信息租金是一对共生的矛盾，也就是说，在得到效率的同时，必须留给企业信息租金，而信息租金会带来社会成本。这一结果的意义在于它说明了规制的控制并不是免费的午餐：虽然规制可以避免企业得到垄断利润，但必须付出效率的代价。此外，为了得到最好的规制政策，政府需要尽可能地利用企业的私有信息，实现企业的自我选择。为此，政府可以运用诸如成本补偿机制和定价政策等某些特定的规制工具实现最优规制。其中，具有不同激励强度的成本补偿机制就是激励性规制。

简单来说，激励性规制包括两方面的内容：第一，使现有运营商充分考虑其成本以提高劳动生产率，通常被称为以业绩为基础的规制或激励规制；第二，赋予运营商更多确定服务收费的自由度，从而使运营商更趋于按商业原则经营。这种灵活的定价原则实际上使服务的相对价格更加接近拉姆士价格结构。具体来说，激励性规制的主要内容包括特许投标理论、区域间比较竞争理论和价格上限规制等。这里只介绍前两种——特许投标理论和区域间

比较竞争理论。

特许投标理论是德姆塞茨在《为什么规制基础设施产业》一文中首次提出的。所谓特许投标，是指政府和公共团体在提供公共服务或公益事业服务时，认定由某一特定企业承包有效的前提下，给予企业特许垄断权。为了给企业以提高效率的刺激，在一定的特许期限后再由竞争投标来决定将特许权授予能以更低（最低）价格提供服务的企业。因此，可以把特许经营权视为对愿意以最低价格提供产品或服务的企业的一种奖励。采用这种方式，如果在投标阶段有比较充分的竞争，价格就可望达到平均成本水平，获得特许经营权的企业也只能得到正常利润。这样，既保证了规模经济效益，又实现了福利最大化。

区域间比较竞争理论是一种借助政府规制机制，以促进不同地区的被规制企业间竞争的规制理论。该理论将受规制的全国性垄断企业分为几个地区性企业，使特定地区的企业在其他地区企业的刺激下提高自身内部效率。区域间的比较竞争并不是处于同一市场上不同企业之间的直接竞争，而是不同地区市场上企业之间的间接竞争，这就要求规制当局必须确保在获得有效经营下的成本和服务信息的基础上制定规制价格，促使各地区性企业为降低成本和增加利润而展开间接竞争。

第三节　新产业组织理论评述

在产业组织理论的早期发展中，还有不少哈佛学派以外的学者对产业组织理论做出过重要贡献，如霍特林和兰凯斯特。霍特林运用空间竞争理论将产品差异划分为空间中直线段上的不同点，从而使产品差异具有可检验意义。兰凯斯特则用他发展的特征空间理论，把消费者偏好序列定义为特征向量，由此推导出了厂商面对的需求曲线，使传统厂商理论中对市场离散划分的四分法扩展成连续序列分析法，为现代产业组织理论中的广告推销、销售契约等问题提供了理论基础。

作为对传统的 SCP 范式的批判，鲍莫尔、帕恩查和韦利格等人在芝加哥学派产业组织理论的基础上于 1982 年合作出版了《可竞争市场与产业机构理论》一书，系统阐述了所谓的"可竞争市场理论"。该理论以完全可竞争市场和沉没成本等概念为中心来推导可持续、有效率的产业组织基本态势及其内生的形成过程，对贝恩的进入壁垒理论提出了批评。SCP 范式的衰落是多种原因的综合结果，但其衰落正是产业组织理论迅速发展的结果。20 世纪 70 年代以后，产业组织理论的研究引起了越来越多世界一流理论经济学家的注

意和兴趣，他们不断地加入研究的行列，极大地弥补了产业组织理论的研究缺陷。20 世纪 70 年代以后，由于可竞争市场理论、交易成本理论、博弈论及合约理论等新理论被引入，产业组织理论在研究基础、方法、工具及研究方向都产生了突破性的变化，大大推动了产业组织理论的发展。在研究基础上，新产业组织理论更加注重市场环境与厂商行为的互动关系，这种互动关系体现了在逻辑上的循环和反馈链。在方法和工具上，新产业组织理论运用了大量的现代数学的分析工具，特别是多变量的分析工具。在研究方向上，新产业组织理论更加强调了在不完全市场结构条件下对厂商的组织、行为和绩效的研究，特别是寡占、垄断和垄断竞争的市场，在理论假定上增加了交易成本和信息的维度。

一、新理论的引入打开了产业组织理论的理论视角

①可竞争市场理论。可竞争市场理论对产业组织理论中的进入壁垒问题进行了更加严格的分析，通过对企业规模经济和范围经济的重新定义，证明了在存在进入竞争或者潜在进入的条件下，即使是自然垄断条件下的现有厂商也只能制定可维持价格，使其接近于完全竞争的价格水平，因为潜在进入者会通过"打了就跑"的策略消除高价带来的超额利润。这就推翻了垄断市场结构会决定垄断性市场行为而导致垄断利润的单向关联的理论假定。

②博弈论。博弈论对产业组织重要的贡献在于它为解释和分析不完全竞争的市场提供了很好的行为分析工具。传统的边际分析工具由于受到了假定条件的限制而不能对不完全竞争条件下的厂商行为予以很好的解释。由于博弈论对有限局中人行为分析的优势（包括 Nash 价格模型、Betrand 数量模型和 Stackelberg 领导者模型），通过各种反应函数的分析，厂商的策略性行为对市场绩效和结构影响的解释更加合理，传统的结构、行为和绩效的单向关联也演绎成复杂的双向或多重关联机制。

③新制度经济学：交易费用和产权理论。关于企业是什么，传统的产业组织理论只讨论了企业的厂商理论，该理论就无法解释企业的规模问题和市场的边界。新制度经济学打开了这个"黑箱"，它撇开了企业的技术决定因素，通过"交易费用"的概念广泛地讨论了企业的规模边界问题。在威廉姆森的交易成本经济学中，由于市场存在不完全性和有限理性，交易双方需要通过一体化来最小化交易成本，防止机会主义导致的欺诈问题出现。决定一体化的主要因素是交易次数、不确定性和资产专用性的交易维度。产权理论则深入讨论了企业内部的权威机制和治理结构的所有权配置问题，同时对市场和企业之间的关系进行了分析。总之，新制度经济学从另一个角度打开了产业

组织理论的理论视角。

④合约理论。从经济学角度来看，合约主要包括合约的设计和执行两个不可缺失的方面（马斯廷，1998）。在短期合约和瞬时合约中，合约的设计和执行相对简单，因为交易双方在进行交易时能够很快地得到结果，并对结果进行衡定。与合约相关的信息，特别是交易中的成本和收益信息，对于交易双方及外部人（如法院）而言都是可以被观察和证实的。因此，合约中的激励承诺是可信的，也能通过设计达到帕累托最优。在短期交易和瞬时交易中，合约的信息并不影响合约是否达成和实现。但对于长期合约来说，合约达成的关键性因素是如何使交易双方提供一个可信的承诺，这种承诺可以为交易双方提供足够的激励约束来达成合意性交易。承诺是一种长期的信号，体现了对信息的确定性描述。如果长期交易存在着足够的承诺，就存在适意的激励相容条件，合约的边界就存在最优充分条件（注意：不是必要条件），如果激励失效，并由此导致了合约的低效率（包括生产效率、交易效率和配置效率），合约边界就会失效。合约引入激励问题体现了对合约达成完整的描述。合约理论对产业组织理论的贡献主要体现在厂商的决策过程及目标讨论上。长期以来，产业组织理论的厂商都是以追求利润最大化为假设条件的，但事实上，大量的经验性分析表明，厂商的目标是多元的，厂商可能在价格制定中追求成本加成，或者强调常规、经验性做法，试验以及实际经营行为中的学习过程。合约理论则通过委托代理关系进行了解释，认为由于各厂商的组织结构、所有权配置不同，其在目标决策机制上也出现了广泛的差异化。由于作为所有者和委托人的股东与作为代理人、拥有实际决策权的经理人员存在目标差异，在委托人不能有效地监督或者缺乏足够激励的条件下，代理人在企业决策中就会偏离企业最大化目标。该假设已经被广泛地运用到产业组织理论的目标决策过程分析。

⑤新管制理论。该理论从另一个角度讨论了产业组织领域所有的理论问题。其分析对象主要建立在市场配置失灵条件上，如自然垄断产业、外部性的行为或者公共产品的生产和配置。新管制理论引入了政府的角色，对政府和市场关系进行了广泛地分析。传统理论只是建立在固有假定基础上，缺乏足够的可信性，其静态分析工具也不能完整地解释现实的问题。事实上，政府失效和市场失效本身的内涵需要进一步明确界定和分析，包括失效的内在动机及失效对生产效率、配置效率及动态效率将会产生的影响。新管制理论可被认为是新产业组织理论的进一步运用，在大量借鉴合约理论、博弈理论和企业理论的基础上，新管制理论从激励的角度重新构造了管制和市场失灵的边界，也为在双重失灵领域中的混合治理提供了有用的分析思路。

二、研究方向的拓宽扩展了理性的解释维度

①新产业组织理论在研究方向上不再强调市场结构，而是突出市场行为，将市场的初始条件及企业行为看作一种外生力量，而市场结构则被看作内生变量，并且不存在反馈线路，寻求将产业组织理论与新古典微观经济学进行更加紧密结合的路径。新产业组织理论从重视市场结构的研究转向重视市场行为的研究，即由结构主义转向行为主义，突破了传统产业组织理论单向、静态的研究框架，建立了双向、动态的研究框架。

②把制度作为研究视点。其代表人物有科斯、诺斯、威廉姆森、阿尔奇安等人。新产业组织理论的主要特点在于它引入了交易费用理论，对交易费用经济学的理论体系、基本假说、研究方法和研究范围做了系统的阐述，彻底改变了只从技术角度考察企业和只从垄断竞争角度考察市场的传统观念，为企业行为的研究提供了全新的理论视角，对产业组织的深化起了直接的推动作用。

③注重个体行为的逻辑分析。新产业组织理论在理解市场时着重过程分析，而不是新古典主义的均衡分析，其研究目标是从个人效用和行为到价格的非线性因果传递，而不是为人熟知的新古典主义数学函数的相互决定，其代表人物是米瑟斯、哈耶克、里奇、阿门塔诺、罗斯巴德、熊彼特、博克、布罗曾、德姆塞茨等。

④更加注重对产业组织理论政策含义的研究也是其发展的一个新特点。浏览近年来西方学术界关于产业组织研究的文献，可以发现，相当一部分是探讨公共经济政策中有争议的问题，如兼并与效率的关系问题、掠夺性定价问题、反托拉斯政策是否有利于竞争等问题。

三、博弈论对产业组织理论体系的再造

博弈论是 20 世纪 70 年代以后产业经济学的主要研究方法，可以说，产业组织经济学过去几年来在理论方面的重大进展都是由于博弈论的广泛运用而取得的。20 世纪 80 年代，以法国学者泰勒尔为代表的西方学者就应用博弈论分析的方法对整个产业组织理论体系进行了再造。现在博弈论已成为产业组织研究中占主导地位的研究工具，常用于研究寡头垄断、不完全市场的定价、企业兼并、反垄断规制等问题，也正是博弈论的应用，才使产业经济学成为经济学中进展最为迅速的领域之一。但同时我们也应看到博弈论在分析不完全竞争方面的两个不足：首先在不完全信息条件下，即使简单的多阶段博弈也有多重精炼贝叶斯–纳什均衡，但对处理精炼贝叶斯–纳什均衡的

一般方法尚不清楚，而且认为具有有限理性的人能够解决实际生活中面临的复杂、多阶段博弈问题这种假设，也似乎把理性原则推得过远了；其次，大量使用的非合作博弈模型的多重均衡结果对假设的细微变化都很敏感，使得均衡非常脆弱，对博弈论模型的检验也变得相当困难，博弈论模型的预测看上去微妙，但往往难以被检验。所以，伴随着理论层次上对博弈论的广泛重视，案例研究方法继续受到青睐，其重要性相对提高，但横断面回归分析有所衰落。除了非合作博弈论仍将在产业组织理论中扮演主要的角色外，网络博弈和合作－非合作混合博弈将日益渗透到产业组织的分析中。

第三章 产业组织演化理论研究概述

第一节 演化的内涵及经济演化思想

一、演化的含义与特征

"Evolution"被国内学者翻译成"进化"或者"演化",在语言学中通常被解释为"渐进性的变化和发展过程"。"进化"最初被看作是专属于生物学的,一些社会学家和经济学家将生物的进化与社会或经济的变化相类比,发现二者之间存在许多相似之处,以致社会演化和经济演化成为"进化"的另一个重要应用之处。温特(1987)就曾指出,"进化"不应该被视为生物学的特定目的或者可以适用于经济学的特定目的而提出来的概念,应该把它视为生物学、经济学和其他社会科学能共同分享的新概念结构框架中的组成部分。并且,从自然选择理论所取得的引人注目的科学成功来看,经济学家在思考演化概念时更可能倾向于求助达尔文主义的观念,这种求助可以采取两种形式:将自然选择理论扩展至社会经济领域或借助于类比进行解释。

达尔文的自然选择理论包含变异、选择和复制三个核心内容。首先,物种成员之间必然存在着变异,无论这种变异是盲目的、随机的还是有目的的。就是说,离开变异,演化过程无从谈起;其次,必须通过基因的复制功能才能保证后代更像他们的父母,而不是像同一物种的其他成员;最后,选择机制保证适者生存,优胜劣汰。

很多经济学家从达尔文和拉马克的进化论中获得灵感,将达尔文的自然选择理论应用于经济分析之中。凡勃伦自称他的理论是后达尔文主义经济科学,他明确指出自己试图基于达尔文的演化理论去发展他的经济学(凡勃伦,1898)。阿尔奇安倡导以自然选择作为竞争性生存的隐喻来分析经济演化现象,给读者勾画了企业的选择行为和经济演化的框架。他强调,这样完全不同的分析框架与生物学的进化是非常相似的,他将生物学中的基因遗传、突变和自然选择与经济学中的模仿、创新和正的利润相类比。纳尔逊和温特的演化理论中，有机体、群体、适应性、基因和变异是生物进化的自然选择论中的中心概念，在纳尔逊和温特的演化理论里，能很容易地找到这些概念的对应物：单个企业被视为有机体，产业被视为群体，盈利性被视为适应性，惯例被视为基因，而创新则被视为变异。

简单的例子有助于理解演化的特征和演化的过程，下面通过一个计算机操作系统的演化过程描述在这一过程中最优策略的选择问题。计算机操作系统是对具有网络效应的新技术的使用。如果多数人应用 Windows 操作系统，则使用 Windows 操作系统更为有利；相反，如果多数人拥有 Unix 操作系统，则更合适的是使用 Unix 操作系统。这是因为，给定的操作系统应用越普遍，为它提供的应用软件程序就越多，也就越容易与别人共享程序。下面将对这一过程进行更详细的分析，以进一步了解计算机操作系统被选择的演化过程。假想对于 Windows 操作系统和 Unix 操作系统都有一定的潜在需求者。在每一个时期，某一个需求者会选择使用一个新的操作系统。假定开始阶段，他第一次选择操作系统，而以后的阶段，他可以考虑换掉或者继续使用现有的操作系统。如果开始阶段 Windows 和 Unix 操作系统同样受欢迎，而其普及性却是不同的，由于操作系统存在着网络效应，使用它的人越多，其共享性越高，带来的效益越高，普及性越强的操作系统将不断地被选择，而最初使用普及性不高的操作系统的顾客也会不断转向普及性高的操作系统。另外一种情况是，一种操作系统的技术优于另一种，则该操作系统会不断地被选择。之所以现在 Windows 操作系统占据绝大部分市场，而 Unix 操作系统只能在某些领域有作为就是这样一个原因，它们被选择的过程也是这样的。Windows 操作系统使用方便、简单、共享性高，因此个人电脑的操作系统绝大多数是 Windows 操作系统，而 Unix 系统则属于安全性能和稳定性能比较高的操作系统，金融领域以及网络服务仍在使用它。

类似的演化过程广泛存在于各种各样的社会和经济制度之中，如语言、穿着方式、货币与信用的形式、求爱与婚姻的模式、会计准则、交通规则等。并且，必须清醒地认识到这些演化过程都是由前例积累形成的，是由实验和历史的巧合而产生的"。当然并非一切制度都是这样的，一些强制性的法令就是通过法律条文而强制规定的。

二、经济演化思想与新古典经济学

从概念来看，经济演化思想更多的是强调变化的过程，它关注"尘埃是如何落定的"，这与新古典经济学所研究的核心——"尘埃的落定"是有

本质区别的，因为新古典经济理论更侧重于所有个体对外生环境变化瞬间的最优反应。这不是在咬文嚼字，也并非一个无聊的问题，因为落定的问题可能对事物以后的变化有巨大的影响，所以只研究均衡的状态显然是不够的。这只是演化的观点与新古典经济学在某一方面的区别——均衡与非均衡的区别：新古典经济学关注均衡的问题，而经济演化思想则关注非均衡以及打破均衡的问题。

新古典经济学与经济演化思想的另一个区别就在于经济人的理性程度。新古典经济学关于经济人的假说认为人是超理性的，他们知道其他人的效用函数（其他人具有这些效用函数的概率），他们掌握了决策过程中的所有信息。企业也被假定是超理性的，它们对自己的行动和支付了如指掌，对竞争者的行动和支付也了如指掌，它们也掌握了决策过程中的所有信息。这是一个相当过分且似是而非的人类行为模型，尤其是在经济人常常面对的那种复杂和动态的典型环境中，经济人适应着——他们不乏理性——但他们并不是超理性的。很显然，尽管人们期望能够最大化其效用，企业期望能够最大化其利润，却往往由于不确定性和信息的缺失而难以实现。经济演化思想认为人的理性只能是有限理性，这意味着人们在选择行为时不可避免地会犯错，在行为过程中往往不能够一开始就找到最优策略，而是通过不断地试错去接近最优策略。

以有限理性取代完全理性是经济演化思想对新古典经济学最优概念的否定，因为有限理性的约束条件使人们无法确定使利润最大化的最优决策是什么，当然也就无法确定新古典经济学所强调的均衡状态。基于此，演化理论并没有致力于解决最优问题，没有用最大化行动的观念来解释为什么决策规则像它们这样，演化理论的假设更应该被看成是关于企业追求利润或利润推动的努力的假设，而不是利润最大化的假设，企业把它们的政策改向一个适当的方向来适应环境的不断变化（纳尔逊、温特，1982）。在新古典经济学那里，企业都被假定是同质的，即都以利润最大化为目标，面临相同的市场环境，企业之间不存在生产技术或产品质量上的差异，企业只是被看成将各种投入转化为产出的生产函数。

经济演化思想与新古典经济学的区别还在于经济演化思想对环境因素的关注。新古典经济学将经济问题置于一个系统内部，环境条件都被假定为不变，所以在新古典经济学那里总能看到"假定其他条件不变……"的描述。而经济演化思想则认为经济过程是在开放系统内的演化，当企业处于一个不稳定的环境时，企业很难保证其最大化行为。因此，阿尔奇安（1950）认为企业应通过不断地模仿和试错做适应性调整以更好地适应环境变化带来的不确定性。而纳尔逊和温特（1982）则强调不同的环境（包括市场环境和非市场环境）对经济演化的影响。

三、西方主要的经济演化思想

尽管对产业组织演化的研究越来越多，但是凡勃伦、熊彼特、阿尔奇安、纳尔逊和温特等的经济演化思想依然是众多产业组织演化研究的焦点和基石。可以这么说，纳尔逊和温特（1982）的研究是产业组织演化理论的起点，但是其经济演化思想的根源却与凡勃伦和阿尔奇安的经济演化思想密不可分，尤其是纳尔逊和温特的研究很多是在阿尔奇安（1950）研究基础上的拓展和修正。另外，熊彼特对纳尔逊和温特的影响也是普遍的（纳尔逊、温特，1982），因此了解和研究他们的经济演化思想正是要追根溯源，找出产业组织演化的理论根基。

（一）凡勃伦的经济演化思想

凡勃伦一直被看作旧制度经济学派的重要一员，当时由于该学派缺少统一的形式和可操作的方法，因而其理论和观点并没有得到广泛认可和应用，直至科斯、诺斯、奥尔森、波斯纳、威廉姆森和其他一些经济学家标榜着"新制度经济学"与主流经济学论战时，旧制度经济学派的一些思想和观点又重新得到重视。

凡勃伦的经济演化思想主要集中在他1898年发表在《经济学季刊》上的文章《为什么经济学不是演化科学》中，后来又在《有闲阶级论》（1899）、《商业企业理论》（1904）和《改进技艺的本能与产业技术发展水平》（1914）中不断得到深化。根据凡勃伦的观点，经济重在其发展过程，经济演化的核心概念是累积性的因果关系，因果过程造成了结果，从而为后续的因果过程提供了一个起点，而后者又顺次产生某种结果，这又为接下来的因果过程提供了原料，如此等等（弗罗门，1995）。凡勃伦建议通过累积性的因果关系的概念构建经济发展理论和竞争过程理论的框架。

凡勃伦还强调历史对经济的推动作用，他认为经济学家无法预知系统如何发展或系统应该如何发展，也就是说未来是开放和不确定的。相反，历史则对经济的发展有着深刻的影响，也就是说，当前的经济发展是以历史的积累为基础的，从这点来看，凡勃伦的论述中包含着路径依赖的观点。

凡勃伦认为经济系统并不像传统经济学所说的那样遵循特定的方式和自然规律向一个所谓的正常的点发展，直至走向均衡，他认为经济系统是没有边界的，可以从多种途径向多个方向发展。可见，凡勃伦的理论也是对传统

经济学均衡观点的否定。

总之，凡勃伦的经济演化思想可以归结为三方面内容，即基于达尔文主义的经济学、基于历史的经济分析（路径依赖）和否定均衡。显然，凡勃伦的经济演化思想是具有普遍适用性的，尽管他的研究大多都是与制度相关的。他认为经济科学应该以制度作为最基本的研究单元，也就是通过研究人们之间流行的思考习惯来研究经济的发展过程，即经济学不仅研究经济本身，还应该研究社会和文化等能够影响个人行为的因素。他还认为应该从非最优化行为来研究经济学，只有这样，经济学才能最接近现实生活。事实上，凡勃伦的观点不仅是制度经济学研究的基石，而且是演化经济学的重要基础。

产业组织演化过程也遵循凡勃伦经济演化思想三个方面的规律。第一，达尔文主义经济学。之所以加上"主义"二字是因为后人的研究已经远远超出了隐喻达尔文生物进化的范围，许多研究仍然将经济学与生物进化相对照，采用隐喻的方法，研究产业组织演化的过程。纳尔逊和温特（1982）曾经宣称他们的理论毫不羞愧地是拉马克主义的，它既考虑到对获得的特性的继承，也考虑到在逆境的刺激下变异的及时出现。尽管拉马克主义和达尔文主义存在分歧，但是演化经济学中部分理论无不是通过与生物学的对照，为了向一种抽象的较高水平的演化理论前进，那种理论把一系列现存的理论都结合进去，因此如果仅是从研究视角出发，采用"进化隐喻"的说法更为妥当。因此，可以说纳尔逊和温特所开创的产业组织演化的理论是达尔文主义经济学，许多研究也在这一方面不断深入，如霍奇逊和科努德森（2004）以及科努德森（2002）的研究。

第二，基于历史的经济分析（路径依赖）。事实上，凡勃伦所强调的累积的因果关系就侧重于从历史的角度研究经济制度演化，即现在行为的状态与已经过去的行为状态是紧密联系的，甚至有时现在行为的发生是过去行为的必然结果，这在凡勃伦那里被解释成"路径依赖"。纳尔逊和温特的"惯例"和凡勃伦的"路径依赖"如此相似，是因为他们都将历史或者过去的行为作为目前行为的重要影响因素。组织的惯例就如同个人的技巧，当能够获得大量相关的信息指导行为时，组织就会寻找使用它们的惯例性的做法（纳尔逊、温特，2002）。在产业组织演化中，可以把企业看作拥有一些惯例的互动作用元，它们随时间的流逝而发生作用，不断修改企业行为的许多方面。同时，惯例的观念可以有用地加以伸展，去与通常不由那一名词描述的许多活动相联系，惯例可以扩展到企业内部，研究个人行为习惯可以探究企业内部分工演化的规律。所以，惯例既可以探究企业内部层面的演化问题，也可以探究产业层面的演化问题。

第三，打破均衡。根据演化经济的理论，经济均衡只能是暂时的，而不能是长期的，那种新古典经济学所强调的企业都按各自的生产容量进行生产，既不扩大也不缩小的情况通过竞争都是可以改变的。也就是说，尽管可以通过各种方法和工具研究瞬间的结构，但是随后的行为和绩效的作用影响会改变已经形成的市场结构。产业组织也是一个不断打破均衡的过程。正是基于这样的前提，纳尔逊和温特（1982）、温特等（2003）的研究坚持反对新古典经济学尊崇的均衡和最大化，他们所构建的产业组织演化模型不再坚持均衡。

（二）熊彼特的经济演化思想

熊彼特是一个有争议的经济学家，许多学者认为他应该归属于新奥地利学派，但是有些学者认为他的理论经验方法和政策结论具有很强的实用主义色彩。熊彼特认为政府干预对市场的有效运行是必不可少的，这一点又与新奥地利学派有着明显的区别。而在一些学者眼里，他又对演化经济学的发展起了先驱的作用，如纳尔逊和温特（1982）、盛昭瀚和蒋德鹏（2002）、贾根良（2002）等。纳尔逊和温特（1982）认为熊彼特的影响是如此普遍，以至于他们为了成为新熊彼特派，才成为演化的理论家。也就是说，因为演化的思想提供一种可以开展工作的分析方法，来解决详细说明和正规表述熊彼特看法的问题，他把资本主义看作一架不断变化的机器。盛昭瀚和蒋德鹏（2002）则认为演化经济学作为一个独立的理论分支出现应该归功于熊彼特对创新过程的研究。贾根良（2002）认为在演化经济学的复苏或现代发展中，熊彼特是其非常重要的灵感来源。并且，霍奇逊（1997）和凯勒姆（1997）曾经就熊彼特是否支持达尔文主义在《演化经济学杂志》第七卷上进行过一次论战。尽管如此，熊彼特仍然是 20 世纪最伟大的经济学家之一，并且他被看作演化经济学家也是合理的（霍奇逊，1997）。

新奇是熊彼特理论的重要本体论预设，熊彼特用"创新"这一概念去分析变化和竞争的过程，并且"创新"从某种程度上讲也是打破均衡的重要方式，使竞争更像一个过程，而不是一个状态。熊彼特认为经济变化过程的实质就在于创新，他强调非均衡和质变在经济变化过程的重要作用，并且突出了企业家和技术创新在创造性毁灭过程中的核心作用（贾根良，2002）。因此，在熊彼特看来，创新才是打破原有平衡、促进经济发展的重要动力。

所谓创新，就是建立一种新的生产函数，也就是说，把一种从来没有过的关于生产要素和生产条件的新组合引入生产体系。根据熊彼特的描述，生产意味着通过一定的方法将原材料和生产条件组合起来。生产其他的东西或

者用不同的方法生产相同的东西，意味着组合这些原材料和生产条件的方式不同，这就存在着变化，也有可能出现经济增长，但并不是我们所意味的发展。当"新组合是间断地出现的时候，那么具有发展特点的现象就出现。

熊彼特的创新概念包含五种情况。①引入一种新的产品——消费者还不熟悉的产品或一种产品的一种新特性。②采用一种新的生产方法，也就是在有关的制造部门中尚未通过经验检定的方法，这种新的方法绝不需要建立在科学方面新的发现基础之上，并且可以存在于商业上处理一种产品的新方式之中。③开辟一个新的市场，也就是有关国家的某一制造部门以前不曾进入的市场，不管这个市场以前是否存在过。④掠取或控制原材料或半制成品的一种新的供应来源，也不问这种来源是已经存在的，还是第一次创造出来的。⑤产生任何一种工业的新组织，如造成一种垄断地位或打破一种垄断地位。

企业家起着一种打破平衡的作用，他的职能就是实现创新，引进新组合，即通过上述五种方式来实现。因此，在熊彼特的经济演化理论中企业家居于中心位置，企业家从本质上讲应该是一个动态性的人，即能够带来新事物、精力充沛、目的专一、坚持不懈、拒绝不变的人（安德桑，1915）。只有这样的人，才能最终促进经济的演化。

除了创新和企业家之外，熊彼特的经济演化思想中还有两个特点，即历史性和有限理性。熊彼特强调："由于历史变化，社会条件在历史时代中成为历史的'个体'。这些变化既不构成循环过程，也不构成沿着一个中心摆动的运动……每当我们不能从以前的事态来充分说明一个给定的历史事态时，我们的确认识到有一个没有解决的然而又不是不可解决的问题的存在。"显然，经济演化问题是不能忽视时间和历史因素的，经济演化是一个不可逆转的过程。

熊彼特的另外一段论述说明他的研究强调有限理性。行为是迅速的和合理的一类假设，这在所有的场合都是一种虚构。但是它会变得足够接近现实，如果人们能有时间去被迫懂得客观事物的逻辑的话。在这种事情发生的地方，以及在它发生的限度以内，人们可以满足于这种虚构，并在它上面建立理论。在这个范围以外，我们的虚构就失去了它对现实的接近性。在那里还紧紧抓住它不放，就像传统理论那样，掩盖一种主要的东西，并忽视这样一个事实，那就是，这个事实比起我们的假设同现实的其他一些偏离来，很不相同，它在理论上是最重要的，它是对没有它就不会存在的一些现象做出解释的源泉。

人们对熊彼特的经济演化思想究竟是否支持达尔文主义并没有达成共识，但是霍奇逊（1997）和凯勒姆（1997）就此发生的论战至少表明以下事实。

熊彼特的研究中包含有关路径依赖问题的描述，他强调由创新和企业家所主导的多样性变化，不管是不是自然选择，学习和竞争使得企业生存下来或被淘汰出局。除了有关路径依赖的问题之外，另外两个问题具有一定的合理性，即从某种程度上熊彼特的经济演化思想含有达尔文主义的内容。

将熊彼特的经济演化思想进行总结可以归纳为以下几点。第一，演化首先是一个历史问题，历史是不能重来的，经济演化是不可逆转的。熊彼特的分析极力强调"变动"和"发展"的观点，强调并采用了历史的方法。历史虽不能逆转，却能给未来一定的启示，或者未来会沿着原来的路径进行演化，即路径依赖。第二，创新是经济演化的核心动力，而实现这一动力需要借助于企业家。熊彼特认为，创新是一个内在的因素，经济发展也是来自内部自身创造性的一种变动，从而强调了社会经济制度内在因素的作用。并且，熊彼特将企业家看作资本主义经济发展的灵魂，认为企业家是创新、生产要素新组合以及经济发展的主要组织者和推动者。第三，有限理性是经济演化的必然前提，任何演化都很难有一个最优解，而只能是努力向最好的方向发展，即没有最好，只有更好。这几点对于产业组织的演化问题具有一定的启示意义。

（三）阿尔奇安的经济演化思想

阿尔奇安倡导采用自然选择作为竞争性生存的隐喻来分析经济演化现象。阿尔奇安指出利润最大化不能成为企业行动的指南，除非在具有完全信息和完美远见时。众所周知，新古典经济学一直强调企业行为的重要行动指南——利润最大化，然而这个标准只有在具有完全信息和完美远见时才能给参与人提供一个模糊的行动向导，在这一假设前提下，企业只要简单选择可产生最大化利润的行动就可以了（弗罗门，1995）。这恰恰成为阿尔奇安所怀疑和批评的对象。阿尔奇安认为由于存在大量的不确定性，现实情况并不能满足完全信息和完美远见的假设条件。在这种条件下，行为人可以从潜在产出的各种交叠分布中选择令他们满意的行为，但是并不一定是利润最大化的行为。当然，利润最大化作为"后见之明"仍然是有意义的，也就是说企业无法在事前预先知道选择怎样的行为会导致怎样的结果，但是事后企业可以清晰地了解怎样的行为产生了最高的利润，随之产生行为的模仿或复制。

企业生存的前提是实现正的利润而不是预期最大化利润，否则企业将被淘汰。阿尔奇安强调那些实现正的利润的企业将会存活下来，而亏损者则会消失。正如一场比赛，奖牌将被授予跑得相对最快的人，不管参加的人有多么蹩脚。他的解释蕴含着两层意思：一个是成功者或生存者只是相对优秀的

人或企业（次优）；另一个是成功或者生存并非源于正确的动机，而是源于偶然的结果。第一层意思在一个脍炙人口的笑话中体现得淋漓尽致。两个人被一只老虎追赶，其中一个人对另一个人说："不用那么费劲跑吧，反正也逃不脱虎口。"而另一个人说："只要我跑过你就行了。"可见，企业间的竞争更类似于一场淘汰赛，由此产生两种生存心态，即"适者生存"和"最弱者被淘汰"。显然，"适者生存"促成的结果是行为人向好的方向努力，具有积极和主动的意义；"最弱者被淘汰"显得更为消极和被动，因此行为人疲于压力而不断进行恶性竞争。第二层意思则是阿尔奇安论述的另一重点，即行为选择带有机会主义的特点。阿尔奇安认为纯粹的机会和幸运是决定企业行为能否被选择的重要决定因素。他采用一个"旅游者"的例子来解释这一观点：尽管经济学家可以设计一条路线使经济朝最优的方向发展，而行为人并不知道这条路线，最终哪个行为人能够走上最优的路线纯属机遇和幸运。

根据阿尔奇安的理论，如果将旅游者看作企业，那么有些企业则会由于幸运而成功，当环境发生变化时，一些企业将会遭遇损失，企业是环境变化的接受者。当然，企业并非无作为，随着环境的不断变化，企业可以通过模仿和试错调整其行为来适应环境的变化，这是阿尔奇安提到的企业的有意识的行为（弗罗门，1995）。一方面，成功企业的行为一旦被观察到，其他企业就会为了追逐利润模仿或者复制促使其成功的要素，这样就不难解释为什么在价格、广告等方面会存在如此多的相似行为。模仿并不必然导致与现存行为模式的一致，当模仿他人的努力失败时，新的模式就会出现，因此模仿可以产生创新（弗罗门，1995）。另一方面，企业能够做的适应性调整就是试错，当然，尽管试错可以使企业的行为通过调整不断导向利润最大化，但也有可能达到局部最大化。

阿尔奇安通过与生物的进化相类比给读者勾画了企业的选择行为和经济演化的框架，他强调这样完全不同的分析框架与生物学的进化是非常相似的，他将生物学中的基因遗传、突变和自然选择与经济学中的模仿、创新和正的利润相类比，尽管他认为传统经济学的多数分析工具和概念仍然是有用的。

莱施克（2003）对阿尔奇安的论述做了归纳总结。他认为，阿尔奇安的研究是试图将经济行为的主流经济学观点与演化观点相融合。阿尔奇安首先反对主流经济学家们采用典型的行为者及其集合作为研究对象，这并不能解释经济变化的本质。他认为，在不确定条件下经济变量的概率分布会引起许多解释产生分歧，进而随机的行为和远见会导致利润产出的概率分布。企业能够意识到获得负利润将会被淘汰出局，而留下那些获得正利润的企业。长期以来，环境的变化会产生一系列可识别的选择标准，根据这些标准企业的行为选择是不断发生变化的。因此，阿尔奇安指出，企业进行决策的标准并不是最大化结果，而是在给定相关要素的期望分布前提下的最优化结果，这样一旦他们的环境假设发生了变化或调整，企业就可以根据这些要素的期望分布对未来做出相应的预测。

那么，企业如何根据环境做出相应的调整呢？由于大量企业的存在，可观测到的企业行为也就越多，对未来的预见也由于可观测到的企业行为而变得有规律可循。对未来的预见，部分可以通过对成功的模仿和对惯例的遵循来解释。创新不仅源于有意识的企业行为，也可以在模仿别人的过程中由于犯错而实现。不管是有意识的创新还是通过犯错出现的创新，都会导致预适应性，也就是在经济演化过程中已经形成的特征会使其后代形成虽然不同但具有适应性的功能。预适应性对环境变化时企业行为的调整具有重要意义。

阿尔奇安的研究为纳尔逊和温特（1982）的研究提供了重要思路和借鉴，他们指出，在比较认真采取演化观点的一些贡献当中，阿尔奇安1950年的文章"成为他们研究的直接的学术先驱。同时，阿尔奇安也为研究产业组织演化提供了一些启示：一是有限理性和对利润最大化的质疑；二是采用隐喻的方式将经济演化与生物进化相对照；三是适应性调整，即通过模仿和试错（技术创新）应对环境的变化。

（四）纳尔逊和温特的经济演化思想

纳尔逊和温特第一次系统研究经济演化问题。尽管经济演化问题由来已久，但是人们对其研究内容、研究视角和研究方法并没有一个系统的解释，纳尔逊和温特正是由于在这方面的贡献而获得诺贝尔经济学奖。他们反对早期经济学家——新古典经济学家或传统经济学家的研究范式。

纳尔逊和温特在2002年回忆经济演化理论发展时指出，早期经济学家的一再坚持导致了经济学发展史上两大重要的损失：一是诸如熊彼特关于竞争的动态过程研究被挡在了主流经济学的门外，尽管熊彼特有关技术创新的研究在战后得到产业组织研究的重视，但主流经济学似乎把他抛之门外；二是尽管现代经济学家重新重视经济增长和经济演化的问题，但是他们在构建增长理论模型时很自然地会以新古典经济学的利润最大化和均衡为模式，构建的模型不仅简单，也不能揭示经济增长及演化的本质问题，更不用说能够准确描述经济演化过程了。

庆幸的是，经济演化思潮回归了，这是由纳尔逊和温特1982年的经典著作的发表带动的。纳尔逊和温特（2002）认为经济演化思想的回归至少对经济研究做出了两方面的贡献。一是经济演化思想着眼于对组织的研究，尤

其是企业组织，同时研究组织惯例的本质特征，这些惯例如何指引组织的行为，这些惯例是如何随时间的改变而有效地发展。关于组织及惯例的理论非常重视产业中企业竞争和产业动态问题的研究，在这里关于创新的研究是非常重要的。二是经济演化思想着眼于如何创建和发展一种有效的方法去做事，包括技术和制度的变化与经济增长关系的研究。

　　由以上论述可以看出演化经济理论与产业组织之间的密切关系，这也可以从纳尔逊和温特1982年的研究中进一步得到印证。如前所述，纳尔逊和温特《经济变迁的演化理论》中有大量篇幅涉及产业组织的演化问题，多次提到"经济结构演化""市场行为""动态竞争"等词语，并且对其做了深入的研究和分析。他们也一再强调，演化思想的一个重要应用领域就是在组织和产业层面上的经济演化分析，尤其是关于在竞争中的创新行为及效率的问题研究，因为对于企业竞争、规模分布以及市场结构等问题都可以回归到技术创新这一行为上来分析。在他们1982年的书中，深入分析了有关熊彼特所提出的一系列关于竞争的问题。他们认为有组织的研究与开发（R&D）和企业面临的竞争压力及付出的努力是创新的源泉，创新在被模仿前是有滞后效应的，因此在没有专利保护的前提下，大企业比小企业倾向于在研发上支出更多。同时，成功的创新会带给企业更多的利润，由此企业规模扩大，那它会在R&D上支出更多，进而步入良性循环。显然，他们的研究内容与现代产业组织理论有很多方面是重叠的，因此借鉴演化经济学的方法研究产业组织理论将会使我们进一步了解产业组织演变的规律和特征，从动态的角度补充现有的产业组织理论。

　　关于产业组织演化的理论，在纳尔逊和温特的研究中，采用"惯例"这一概念来替代新古典经济学的最大化行为，在他们的演化理论中，惯例起着基因在生物进化理论中所起的作用。因此，"惯例"是他们整个研究的核心概念。并且他们还给出了一个和惯例相对应的更微观的概念——技巧，他们论述到："个人的技巧类似于组织的惯例，因此考虑技巧在个人发挥功能中的作用，就可以理解惯例在组织发挥功能中的作用。"他们还指出，演化理论可以论述组织的创新，正像它论述技术的创新那样。将这些论述结合起来看，他们暗含的意思是，个人的技巧是与企业内部的演化——组织创新相关联的，演化理论可以部分地揭开企业的"黑箱"，解释企业组织演化问题。

　　当然，对于企业内部的演化，纳尔逊和温特只是做了提示，尽管这是未来研究的一个重要方向。他们仍然将研究重点定位于产业层面的研究，即通过"惯例"这一概念揭示产业层面的演化问题——结构演化、技术模仿和技术创新，从某种意义上讲，技术模仿和技术创新可以被看作企业行为演化的

重要部分。事实上，纳尔逊和温特对于市场中究竟是有最优的产量还是有最优的企业数量也是模糊不清的，在他们构建的演化模型里，显然在每一个周期的短暂均衡里依然是以企业产量或者市场的需求为评价前提的，而后的分析中他们又多次提及均衡的企业数量问题。庆幸的是，他们的研究注重了市场的环境和非市场的环境条件下的选择，使后续研究者坚信产业组织演化中的短暂均衡依然由市场决定。对于技术的演化，他们更多地强调了技术创新，而对技术模仿只是提及而未做深入分析。他们将技术创新分为以科学为基础的创新和累积性创新，由此分析了不同的演化路径。

纳尔逊和温特演化理论的另一特点就是将生物进化论的观点引入产业组织的研究中。有机体、群体、适应性、基因和变异是生物进化的自然选择论的中心概念，而在纳尔逊和温特的演化理论里，能很容易地找到这些概念的对应物：单个的企业被视为有机体，产业被视为群体，盈利性被视为适应性，惯例被视为基因，而创新则被视为变异。

第二节　经济演化思想对产业组织演化的影响

通过上文的分析可以看出，凡勃伦、熊彼特、阿尔奇安、纳尔逊和温特的研究是一脉相承的，为本书从演化的角度研究产业组织问题提供了大量的思路。他们研究的借鉴意义是明显的。

第一，产业组织演化问题可以从生物进化论那里寻求帮助，但绝对不是全部，演化思想应用于经济学研究时具有它自己的范式和特征。例如，尽管纳尔逊和温特认为他所使用的"惯例"类似于生物中的"基因"，二者都带有复制的功效，但毕竟它们之间存在着区别。也就是说，把生物学的思想移植到经济学中仍然存在着严重的缺陷。威特（2004）认为，作为类比，在经济学领域，把基因型和表现型区别开来是不可能的，同时变异和选择以一种不同的且很少受限制的形式发生，这一形式容许非常大的自由度。当然，生物进化论为研究经济演化问题提供了很多思路，这在凡勃伦的经济演化思想那里已经得到了验证。

第二，必须正确分析群体与个体演化之间的关系，二者存在着互动作用。在研究产业组织演化时，似乎更多的理论是在表明一个群体演化的情形，然而这种群体演化离不开作为个体的企业的作用，二者的演化也是互动的。现代演化经济学缺乏对企业的研究，或者说没有必要更多地谈论企业，企业只是为分析产业层面现象而构建的智力工具中的一个步骤。作为个体，企业并非无所作为，在纳尔逊和温特（1982）的研究中，事实上已经暗含着产业的

演化与企业行为的演化密不可分的思想，产业组织演化是个体演化的结果。阿尔奇安的研究尽管被他强调可以扩展至整个经济发展领域，然而其研究的基点仍然是企业，并且由企业延伸至产业，后人的研究忽略了这一面。

第三，创新是产业组织演化的动力。熊彼特提出了创新的五个方面（上文有提及），根据这五个方面的本质，可以将熊彼特的创新体系归结为三类：一是技术创新，包括生产出新产品或者提供高质量的产品，以及新的生产方式的运用和新工艺的使用；二是市场创新，包括产品市场的创新和要素市场的创新，扩大原有市场的份额和开拓新的市场，采取新的原料供应渠道或者采用新的原料；三是组织创新，包括改变原有的组织形式或者建立新的组织，实现企业内资源配置优化。创新是企业获得竞争优势和超额利润的源泉，更进一步，创新成功的企业就可以在产业组织演化过程中存活下来；反之，则被淘汰出局。另外，推动创新的力量是企业家，企业家是产业组织演化的推动者。企业家是连接市场需求和企业产品生产的桥梁，只有企业家才能预测市场需求并推动技术创新，促使产品早日投放市场，所以企业家是创新必不可少的因素。

第四，产业组织演化绝对不是孤立的，它是在开放的系统内演化的，产业组织演化应该借鉴系统论的某些观点。这在阿尔奇安、纳尔逊和温特那里表现得比较明显，他们都或多或少地探讨了环境变化对产业组织的影响，阿尔奇安认为企业应通过不断地模仿和试错做出适应性调整以更好地适应环境变化带来的不确定性。而纳尔逊和温特则明确指出了市场环境和非市场环境对产业组织演化的影响。面临不断变化的市场环境和非市场环境，产业组织演化过程势必存在着偶然性和不确定性。

第三节　产业组织演化的内涵与环境

一、产业组织演化的内涵

纳尔逊和温特曾经指出演化理论应用的两个重要领域，即作为个体的企业内部演化和作为群体的产业层面演化。弗罗门也指出："较高层次的总量现象的变化通常可由较低层次的分析单位来解释。"显然，产业组织的演化离不开这两个层面的研究。当然，前人已经做出了一定的努力，弗罗门（1995）认为纳尔逊和温特在产业的层次上解释了经济演化问题，而威廉姆森的交易费用经济学似乎处理的是"低一个层次"的现象，组织形式的演化由个体的努力来解释。笔者在这一部分首先分析产业组织演化的两个层面，即企业内部层面和产业层面，对这两个层面演化问题的研究将构成产业组织演化研究的两个重要领域。同时，本部分还将揭示企业在这两个层面演化中的位置，企业不仅仅是为分析产业层面现象而构建的智力工具中的一个步骤，更重要的是它担当了产业组织演化中连接两个层面的"互动作用元"的角色。

（一）企业内部层面的演化

关于经济发展的过程是怎样的，亚当·斯密给出的解释是，分工和专业化的发展是经济增长的源泉，而分工和专业化是一个经济组织的问题（杨小凯、张永生，2000）。企业分工及其专业化的演进，必然会引起企业间产业组织形式和合作方式、合作水平的变化（钱书法，2003）。

马克思在《资本论》中也对分工理论进行了大量的讨论。他指出，相对剩余价值生产要求采取协作的方式，因为协作可以创造新的生产力。所谓协作，是指许多人在同一生产过程中，或在不同但互相联系的生产过程中，有计划地一起劳动。

受限于当时分析工具的缺陷，分工理论并没有受到重视，直到杨小凯等人所倡导的新兴古典经济学采用超边际分析的方法分析内生个人选择专业化水平的决策时，分工和专业化的重要思想才迎来复兴的曙光。杨小凯将分工演化分为外生演化和内生演化两种。由于劳动分工随着交易效率的改进而演化，而交易效率的改进在模型中又都是外生的，所以劳动分工也是外生演化的。劳动的内生演化是指一种动态机制在任何经济参数都不发生变化时，分工会随着时间的流逝而自发地演化。

分工演化的重要意义在于促进了企业形式的改变。先来看看杨小凯和张永生（2000）是怎样描述分工自发演化过程的。他们认为在初始阶段，人们对各种生产活动都没有经验，所以生产率很低，因此付不起交易费用，只好选择自给自足。在自给自足生产中，每个人慢慢地在每种活动中积累了一些经验，生产率就慢慢提高，使得他能负担得起一点交易费用，于是他们开始选择较高的专业化水平。市场自由择业和自由价格机制的交互作用会使整个社会的分工水平提高，市场也就因此出现。由于升高的专业化水平反过来加速了经验积累和技能改进，生产率进一步提高，此时每个人在权衡专业化所带来的报酬和当前增加的交易费用后，认为可以支付更多交易费用，因此反过来又会进一步提高专业化水平。这样，良性循环过程就会出现。正是这样的分工演化过程促进了产业组织的不断调整，企业规模向两个极端发展：一是许多企业进行全球性的并购战略，发展为跨国公司，其规模向大的极端发展；二是一些企业向小的极端发展构成众多的原子型企业，将原有生产流程

分化到众多的小企业中去。这两个极端表现都源于分工的演化。

进一步讲，分工及其专业化，实质上就是指一个经济行为主体（一个人、一个企业或一个其他微观经济组织）趋向于只承担一种或较少几种经济活动或一种经济活动中的一种或较少几种操作这样一种生产方式的深化过程（钱书法，2003）。因此不难理解为什么企业向小的极端演化，显然这又是与向极大方向的演化是有矛盾的。事实上，这一极大的方向已经远远超出了传统意义上企业与市场的划分方法，一种存在于企业层级制（科层制）和纯粹市场形式之间或实现了企业与市场联姻的新产业组织形式——中间组织已经出现，它往往表现为规模巨大、组织松散和借助信息技术的特点，企业集团、企业联盟、企业外包制和特许连锁经营等复合体企业都是这一组织形式的表现。

企业内部层面分工演化是产业组织演化研究的重要领域之一。理解这一层面的问题，就如同揭开产业组织演化的内部"黑箱"，其重要意义不言自明。限于笔者的能力和时间，未能对该问题展开讨论，实是产业组织演化研究的一大缺陷，希望在今后的研究中能够继续深入。本部分的重点将放在产业组织演化的产业层面上。

（二）产业层面的演化

从本质上讲，产业层面的演化就是企业群体演化的表现。纳尔逊和温特的经济演化理论就是在产业的层次上进行解释，在他们的著作里，一直在讨论作为企业的群体如何演化，适者生存、不适者被淘汰的自然选择成为他们反对新古典经济学均衡理论的重要工具。在纳尔逊和温特的经济演化理论里，企业被认为是由利润推动发展的，并寻求途径去增进其利润，但是他们使利润最大化的行动却不被假定在明确界定的和外在给定的选择集合上。

纳尔逊和温特的演化思想和研究经济演化的方法是值得借鉴的。他们在坚持拉马克主义的同时，也注意吸纳了达尔文主义的自然选择核心思想。当然，自然选择并不能完全解释产业组织演化中人的能动性，也就是说，自然选择更多地强调被选择的问题，企业生存是自然选择的结果。但是自然选择却忽视了企业生存的原因，即由于人的能动性，在被自然选择的同时，企业能够通过适应性学习或边干边学不断去适应环境的变化。

然而，纳尔逊和温特将大量的精力浪费在对新古典经济学的批判上，因此被弗罗门（1995）所指正，他认为把纳尔逊和温特的经济演化理论看作正统的有鉴赏力的理论的继续，比把它看作正统理论的非正统竞争的继续更好。弗罗门强调纳尔逊和温特所不同意的是正统理论的假设而不是正统理论的结果，因此，他们的理论与新古典经济学并不是绝对不相容的。

　　企业本身更多地关心企业生存和竞争问题，而经济增长和经济发展则更重要的是要了解产业整体的发展变化，或者说一个企业的生存与发展并不重要，重要的是一个产业能否从产生、成长到成熟、衰退，这也往往构成企业和政府之间的矛盾。为了能够保证产业的稳定发展，政府出台的一些政策可能会使一些企业一蹶不振，或者使一些企业平步青云。这同样是微观经济学和宏观经济学不能合而为一的重要原因之一，毕竟二者研究的出发点和落脚点都很难一致。因此，福斯（2001）指出，产业层面的演化强调的是系统发生的群体演化，它只有不同企业的分布，不可能有任何代表性的企业，因为从中挑出任一企业作为代表都是没有意义的。

　　然而，这里研究产业组织演化是不能忽视企业的，企业恰恰构成了产业组织演化两个层面的重要连接点。只有解释产业组织演化的两个层面才能真正解释产业组织演化的本质特征，尽管本书没有对企业内部层面的分工演化展开论述。因此，关注单个企业的个体发生的理论同样重要，准确定位企业在产业组织演化中的位置显得非常必要。

（三）企业在产业组织演化中的位置

　　在马克卢普和费兹的眼里，"企业只是为分析产业层面现象而构建的智力工具中的一个步骤。正如前面所述，研究产业组织演化的产业层面问题时曾经强调企业群体演化的结果才是经济增长和经济发展最为关心的问题。显然，马克卢普和费兹的观点更为极端一些，他们将注意力放在了经济领域的系统发生上，而不是个体发生上，企业在这里被忽视了。

　　事实上，仅从经验上看就能知道企业是如此的重要（如根据企业内部处理的全部交易比例，或者根据企业对经济增长的重要性，等等），以至于演化经济学自然就应该有一些内容是关于企业的（福斯，2001）。也就是说，研究产业层面的演化问题时，关于企业一些问题的解释是至关重要的，因为群体演化结果的决定往往在于企业行为的发生。那么，企业究竟在产业组织演化中起着怎样的作用？应该将其置于怎样的地位呢？"互动作用元"应该是对它的一个准确定位。"互动作用元"被霍尔定义为"以一个整体与它的环境直接相互作用的实体，这种相互作用可以引致模仿的多样性"。可以看出，这一定义蕴含系统论的思想，它包含两层关键的意思：一是互动作用元必须作为整体与环境相互作用；二是互动作用会引致模仿的多样性。这样的定位纠正了马克卢普和费兹的观点，说明企业不应该仅仅作为一个智力工具而存在。

互动作用元是"智力工具"的一个替代的说法，当然比"智力工具"有着更广泛的含义。最初，道金斯（1982）使用"工具"一词，后来霍尔（1988）指出应该用"互动作用元"来代替"工具"，因为企业在产业组织演化过程中不仅通过模仿、复制等方式机械地适应环境变化，而且它能够作用于环境。这就对企业赋予了能动性，并且这种能动性促进了模仿、复制的多样性。显然，这样更符合现实的需要，最简单的例子就是企业不仅可以作为价格的接受者，而且可以成为价格的决定者，只要它能够居于垄断（具有市场势力）的位置。同样的例子很多，最能显示企业能动性的就是由技术创新所引起的竞争环境的巨大变化。

那么企业和企业内部层面的演化有什么样的区别呢？众所周知，企业是由具有各种技巧和习惯的人构成的，或者说由这些人构成团队，再构成企业。企业内部层面的演化更多地强调分工和专业化，当然这些对于企业之间差异的形成极为重要。然而，作为个人和团队来讲，无论如何都难以完成"互动作用元"的功能（霍奇逊、科努德森，2004）。根据霍奇逊和科努德森的分析，个人传递的是有关"技巧"和"习惯"的信息，在与环境交互作用时，尽管通过个人能够影响另外一些人的"技巧"和"习惯"，但远不至于影响另一个企业，更别提最终影响产业组织的演化了；而一家企业创立分公司或新的团队时，通过团队能够复制相应的"惯例"，而一旦离开企业由另一个企业模仿创立类似的团队时，这里起作用的则成了企业而非团队。进一步讲，作为整体与环境相互作用的不是团队而是企业。

二、产业组织演化的环境

在袁春晓（2002）看来，产业组织之所以演化，是因为企业为了不断适应环境而做出各种调整，当然他所提出的"环境因素是产业系统生存发展的最终决定因素"的论调并非完全正确，毕竟环境作为外生因素不能本质地决定产业组织演化问题，但是环境因素确实是产业组织演化的重要前提。纳尔逊和温特（1982）也曾用市场环境和非市场环境来区分产业组织演化不同机理的环境。笔者认为，产业组织演化环境是一个复杂的系统，它既包括种种影响因素，也包括这些要素之间的关系，更存在着产业组织与其演化环境支架的交叉。影响产业组织演化最主要的两个环境因素是制度因素和技术进步。当然，信息因素也是产业组织演化的重要外部环境。

（一）制度因素

在经济实践中，生产要素的结合以及生产要素结合在宏观经济上的表现——资源的配置，不仅是一种技术关系（人与物之间的关系），而且取决于一定的社会关系（人与人之间的关系），而一定的社会关系又取决于或直接表现为一定的制度安排（张培刚，2002）。制度的定义多种多样，然而更适合应用在经济演化中的应该是诺斯给出的定义：制度是社会的游戏规则，更正式一点，是人们设计的为了规范人们之间相互各种关系的各种限制。从这一定义可以看出，制度是用来规范人们行为的，本质上讲制度减少了行为人的可选择集合。进一步讲，如果用惯例解释产业组织演化，制度就可以用来减少行为人惯例的多样性，成为行为人的行动指南和决策前提。因为如果行为人不遵守这一制度，那么它将会受到相应的惩罚，选择遵守制度是理性的选择。

诺斯（1990）将制度区分为正式制度和非正式制度两种。正式制度是指人们有意识创造的一系列成文规则和政策法规，如政治制度、经济制度和契约等。非正式制度是人们在长期交往中无意识形成的，具有持久生命力的通过文化结构代代相传的一系列规范（张培刚，2002）。当然，二者也是相互作用的，非正式制度可以用符号确定下来成为正式制度，正式制度在不断执行的过程中会逐渐被非正式制度所吸收，成为非正式制度的一部分。从演化的角度来看，它们的区别在于，正式制度可以在一夜之间由立法机关确定新的政策而改变，而非正式制度显然是在短时间无法通过政策的改变而改变的，它需要慢慢地演化。例如，国家最近提倡的构建和谐社会和节约型社会，这并不是能够通过一两个政策能够改变的，长期以来形成的行为准则依然会产生影响。这两类制度对产业组织演化所起的作用也是不同的。佩利坎（2003）指出，非正式制度潜移默化的影响对产业组织演化的约束力非常强，它甚至可以决定经济改革的速度。显然，当正式制度的作用受到非正式制度的约束时，它的执行力度和作用力会被削减。因此，尽管从理论上推导正式制度可能对经济发展的促进作用非常大，但是由于受非正式制度的影响，其效果大打折扣，产业组织演化也是这样。

有利于一国经济发展的制度主要包括产权制度、市场制度、国家制度和意识形态（张培刚，2002）。产权制度是制度集合体中最基本、最重要的制度。其中，产权的所有者拥有对自己资源的处置权，他希望社会能阻止他人对自己行为的干涉，只要这种行为受其产权约束条件的限制（科斯、阿尔奇安等，1991）；广义的市场制度不仅包括各种具体的交易安排，还包含了明确的产权制度、清晰的契约制度、灵活的金融制度，以及充分的保险制度等一系列的制度（张培刚，2002）；国家制度则是从更高的层面——国家层面上提出的约束人们行为的规范，既可以促进经济的发展也可以阻碍经济的成长。产

权制度、市场制度和国家制度是组织外部的正式制度。而意识形态是非正式制度安排中的核心部分，能够最大限度地在社会成员间实现一致，减少"搭便车"行为的发生。同时，共同的意识还有助于信息在社会成员中传播，降低社会中其他制度安排的成本（张培刚，2002）。

另外，不能忽视的是基于组织层次的制度的区分，即组织外的制度和组织内的制度，如国家制度或政策和企业制度。显然，国家制度针对的是企业外部，而企业制度针对的是企业内部。问题是这两种制度和此处的论述存在矛盾，作为产业组织的演化环境，企业制度显然是不能包含在内的。不管是组织内的制度还是组织外的制度，不管是正式制度还是非正式制度，它们对产业组织演化的影响都是深远的。无论是制度环境的改变还是制度安排上的变迁，都为产业组织演化带来新的规则、载体乃至发展模式。改革开放以来中国经济总体上的变迁，实质上也就是产业环境的变迁（袁春晓，2002），尤其是制度上的变迁促进了中国产业组织的演化。

（二）技术进步

张培刚（2002）指出，生产过程的进行，必须不断选择和不断创造出可行的生产要素组合方式。从人与物的关系上说，这种要素结合方式就是技术，而能增进利益要素组合方式的变动就是技术进步或技术创新。几乎所有的经济学家都认为技术进步是经济发展的根本动力（纳尔逊，2002），技术竞争水平是约束组织（包括国家、产业和企业）产出能力的重要因素。

多恩布什、费希尔和斯塔兹等指出，技术进步一开始在经济学家眼里只是经济增长的外生因素，其代表性理论为索洛－斯旺模型，该理论将产出增长解释为投入增长，特别是资本与劳动增长的函数，各种投入的相对重要性取决于其要素份额。将技术进步作为经济增长内生因素始于20世纪60年代阿罗的"干中学"模型和宇泽弘文模型。阿罗将技术进步因素描述成由经济系统本身决定的内生变量，并将技术进步视为实践经验积累的产物；宇泽弘文则立足于教育部门来描述技术进步的产生机制。罗默和卢卡斯对该理论的发展做出过重要贡献（多恩布什、费希尔、斯塔兹，1998）。该理论认为大多数发达国家的经济增长取决于技术进步。

在纳尔逊（2002）的研究中，将技术分为物质的和社会的两种。佩利坎（2003）将行为人的行为分为两类：①行为人在消费或生产过程中从物质投入到产出的转变；②与其他行为人之间的相互作用和交换。由此，所谓物质技术是指①中的行为人所遵循的"惯例"，如劳动分工；而社会技术是指②中行为人所遵循的"惯例"，如人与人之间的协作。进一步讲，如果将这种分类应用于产业组织，显然两种技术可以区分为企业内和企业外两个层面。从本质上讲，物质技术属于企业所有，而社会技术则是物质技术群体演化的结果，因此前者是企业内生的技术，而后者则是影响企业技术进步的外部重要因素。需要指出的是，社会技术并非外生的，它不能从天上掉下来。相反，社会技术恰恰源于众多的物质技术在演化过程中被选择的那个演化的稳定策略，所以它是物质技术群体演化的结果。因此，对于产业组织演化来说，物质技术更多地影响个体（企业）的演化，而社会技术更多地影响群体（产业）的演化，并且群体演化是个体演化的结果。物质技术尽管被视为企业内生，却会受到社会技术的影响，这是因为企业技术创新的基础来源于社会最优技术或者次优技术，这是它能够增强其竞争能力所遵循的惯例。

另外，除了企业从事技术创新活动之外，一些公共机构也从事技术创新，如大学、研究所等机构，它们被译为"Institutional Infrastructure"，一些学者将其同金融制度、立法等混为一谈，如苏恩和卡尔森（2003）。显然，这些公共机构应该被视为推进社会技术进步的机构，而将其与带有制度味道的金融制度、立法等同不太适宜。

同为产业组织演化的外部影响因素，制度变迁和技术进步之间存在着紧密的联系，二者或者互为动力或者相互阻碍，而这种紧密的联系进一步引导产业组织演化。马克思主义者的观点是将技术进步看作生产动力的发展，而制度则被视作上层建筑，并且他们将技术进步看作制度变革的重要推动力而忽视了制度对技术进步的反作用。这一点被诺斯和托马斯（1973）看到了，他们认为技术进步同样依赖于当前的制度，至少当前的制度会决定技术变化速度的快慢。由此他们借助于产权制度对技术发展的促进作用，论证了为什么在17世纪和18世纪期间英国能够受益于技术的快速进步而大大促进经济发展，相反西班牙却由富有和强大逐渐衰退。

因此，制度变迁和技术进步之间可以概括为两种联系。一是新的生产方法或者新技术的有效使用，需要有为其量身定做的新制度。例如，随着信息技术的不断发展，原来一些产权制度已经不再适应这种技术的发展而成为其障碍，新的产权制度则能够促使企业生产出更多的信息产品。二是新技术也使原来由于超前而得不到执行的制度得以顺利执行，促进社会的进步。例如，电力和通信原来都属于自然垄断行业，很难充分竞争，效率低下，而技术进步促进了厂网分开，使引入竞争成为可能，反垄断制度从技术上变得可行。事实上，这种互为因果关系远没有看起来那么直接，没有人确切知道什么样的技术变化会带来什么样的制度变化，也没有人确切知道什么样的制度变化可能带来什么样的技术变化。当然，即使它们之间的因果关系非常明确，也

不能保证这种变化确实能够发生，但它们之间的互动关系确实存在着。一方面，新技术的有效应用往往依赖于一些规则，如果当前的制度缺乏这些规则的话，那么当事人就会遭受损失，于是他们会有很强的动力去寻求这样的规则制度的设计和实施。例如，一旦有关信息产品的产权制度不能够适应其发展，信息产业的企业就会因为被侵犯版权而遭受大量损失。在这种情况下，制度变迁的真正实现仍然需要经过立法机关和律师的最终努力，然而当事人一定会通过各种方法不断游说以促成相关制度的形成。另一方面，制度变迁和技术进步的第二层关系有时显得比较弱，许多情况下，当事人可能有强烈的动机去组织新制度的实施。例如，尽管反垄断政策要求电力和通信等一些自然垄断行业引入竞争，并且从技术方面来看这些制度能够执行下去，但是其改革的路途是艰难的。这是因为，那些从改革中可能获利的当事人力量比较小甚至觉察不到这种利益，而那些垄断企业则害怕失去垄断地位而极力阻挠制度的实施，并且当时它们作为国有企业更有能力影响立法和执法机构。在原来封闭的经济条件下，这种阻挠是卓有成效的。然而在开放的经济条件下，由于面临来自外界的种种压力，新制度迟早是要被执行的。

制度变迁和技术进步的互动关系与产业组织演化存在千丝万缕的联系。探讨二者互动关系的意义还在于，它们的互动作用导致了产业组织演化环境的不断变化。正是这种变化的存在才促使企业不断调整各种策略来适应环境的变化，演化由此开始了。

（三）信息因素

信息是一种重要的资源。随着生产社会化趋势的扩大、科学技术的进步、人类知识总量的增长速度不断加快，以及市场竞争的日益激烈，信息不再是简单和免费的，而是一种需要巨大成本的资源。于是，人们将信息列为与物质、能源相并列的人类社会发展所需的三大资源之一。随着以计算机技术、通信技术和网络技术为代表的信息技术的飞跃发展，人们越来越重视信息资源的开发和利用。推广信息技术只是手段，真正利用信息才是目的。

事实上，交易费用的产生主要是由信息不对称产生的。如果能够借助信息技术充分挖掘信息，就可以大大节省交易费用。信息得以被真正利用源于信息技术的高速发展，信息技术的发展又促进了新经济的发展。信息技术也是人类社会发展至今进步最快、渗透性最强、应用最广泛的技术。信息技术对人类社会的影响是长期和决定性的。在 20 世纪的最后 30 年里，信息技术以及信息产业的发展越来越快，在 20 世纪 90 年代几乎以每年 30% 以上的速度发展。信息技术发展的重要结果就是其促进了新经济的发展。新经济是以现代信息技术为基础、以知识为基本要素、以网络经济为主要内容的经济（谭清美、李宗植，2002）。可以说，新经济是知识经济和网络经济的有机结合，信息技术的发展则是新经济发展的关键因素。

信息技术以及以信息技术为特点的新经济改变了产业组织内部利益相关者的关系，信息技术的发展促进了产业组织形式和企业关系的改变。一方面，信息技术的应用降低了交易费用，提高了交易效率。由此，如果将原来企业的内部组织形式用市场交易的形式代替，而将核心竞争力保留在企业内部，把其他的交给市场去完成，就可以大大提高企业的利润水平，使企业间出现网络化趋势，越来越多的原子型企业随之产生，产业组织形式也会发生变化。另一方面，信息技术的应用提高了企业管理能力，能够将组织层次进一步扁平化，并且能够降低管理费用，使企业逐渐向大的方向发展。

信息技术的应用也在不断改变产业组织演化的三大机制——变化机制、选择机制和复制机制。正是信息技术的应用，才使得企业掌控信息的能力不断增强，这有利于企业不断降低信息的不确定性，能够通过调整策略随时应对可控的变化。同时，信息技术的应用加速了企业与企业之间信息传递的速度，扩大了企业选择的空间，提高了其适应能力。另外，通过随时掌握最新的信息，企业的技术模仿能力和创新能力也能得到提高。

然而，信息技术并不能够完全消除信息的不对称。相反，有些时候从庞杂的信息中甄别正确与错误的信息往往既费时又费力。因此，信息技术的应用对于解决产业组织演化中信息不对称问题是一把"双刃剑"。只有合理应用信息技术，才能加速产业组织演化的进程。

第四节　产业组织演化的选择过程

一、模仿、创新与产业组织演化

（一）模仿、创新与演化的关系

早在 1942 年，熊彼特就一再强调资本主义经济不可能是稳定的。熊彼特（1939）指出传统的经济理论不管是古典经济学还是新古典经济学，分析的都是一个稳定的经济问题，因为他们所研究的经济问题只是寻求每个时点上的均衡问题。这并不是说传统的经济理论不能解释经济变化和增长的问题，因为经济波动可以被看成是对外部扰动因素的一种均衡调整，人口的增长和储蓄的增加都可以成为改变均衡的重要因素（卡·伊威，2000）。

　　人口增长和储蓄积累确实对经济演化和经济增长具有重要的作用，但是也不能忽视另外一个重要的因素——创新。正如熊彼特所说的："另外一个因素是至关重要的，离开了它资本主义世界是不可理解的。"这里的另外一个因素当然是指创新。熊彼特认为，引入一种新的产品、采用一种新的生产方法、开辟一个新的市场、掠取或控制原材料或半制成品的一种新的供应来源，甚至形成一种新的工业组织都可以被看作创新。简言之，凡是在经济范围内能够做不同的事情就可以被视为创新。

　　熊彼特还强调，在一个稳定的经济系统中，或者在一个稳定增长的经济体系中，古典经济学或新古典经济学所分析的利润迟早都会消失殆尽，因为他们在趋于均衡的过程中，价格总是和成本趋于相等。而创新恰恰可以打破这种均衡，创新者可以将价格定得比成本高或者使成本比价格低，从而获得超额利润。利润是驱使企业家不断创新的重要动力，显然也是经济演化的动力。然而，创新者的价格 - 成本优势并不能够长期保持，一旦一种创新行为被引入经济系统，那么其他人就很容易学会做同样的事情。在专利保护有缺陷和模仿可能迅速发生的地方，创新者所获得的报偿可能主要取决于他在相对短的时期内利用那种创新的能力。创新后的模仿行为不断地蚕食创新者的超额利润，直至其消失殆尽。熊彼特指出，创新者通过创新打破均衡的行为事实上总是有规律地发生的，可以发现总存在着形成新组合的可能（创新），并且总有人愿意并且能够实现它。

　　显然，企业的技术进步并非仅仅依赖于自身的技术创新，它还可以借助模仿来实现。如果企业能够通过大量的研发投入而成功发现新技术的话，那么它就可以获得大量的利润，如中国深圳朗科公司凭借大量的研发投入而获得的原创性发明专利成果——闪存盘，在给企业带来大量产品利润的同时，企业在知识产权方面也获得大量收入，国外企业应用这项技术必须向朗科缴纳知识产权费用。如果企业能够成功模仿别的企业的技术而引入新产品或者大幅度提高企业效率的话，那么它也可以获得超额利润。因此，创新和模仿的动态互动作用可以不断地引发技术进步，进而推动经济演化。

　　技术创新不是纯公共物品，因为其他企业不可能完全免费获得，当然，技术创新也并非纯私人物品（卡·伊威，2000）。正如阿罗所说的那样，对于任何生产过程中的信息，总能从某种程度上显露出来，尤其是员工在企业间的流动总能够带来信息的传播。即使有些新技术获得了专利权，那也只能是一种局部保护，"很明显，你很难确定周围哪些和你相似的产品侵犯了你的专利"。因此，通过一些模仿行为，新技术就会在其他企业中不断地扩散，并且随着使用这种技术的企业越来越多，技术中的诀窍和秘密更容易泄露出来而被更多的企业所采用，即通过模仿，技术不断扩散至全行业最终促进了全行业的技术进步。而创新型企业想要继续维持原来的超额利润，只有通过进一步的创新才能实现。显然，企业在利润的驱动下，必须像一个上紧了发条的陀螺不停地转下去，否则竞争优势很难维持。即使是这样，由于创新具有很大的风险性，有些企业也会在这样一个创新过程中因创新失败而被淘汰出局。

（二）市场结构与创新

在熊彼特眼里，企业的创新行为面临着大量的不确定因素，除了巨大的资金投入之外，企业还必须面对创新失败的风险。因此，除非企业有足够的实力来承担创新风险，否则企业绝对不会冒险，而似乎只有大企业才能化解这样的问题。熊彼特（1942）强调了大企业的创新优势，这些优势来自其研究开发和管理的规模经济、较大的风险分散能力、财务等。大企业对小企业具有一定的专用性优势（纳尔逊、温特，1982），创新的报酬来自模仿者的落后所造成的一种新产品或加工方法的暂时垄断。只有大企业拥有一种生产水平、生产能力、市场营销安排和财力，使它们能够以相对大的规模迅速利用一种新技术，并且获取超额利润，这就是大企业的专用性优势。

库恩和莱温（1992）在对熊彼特最具代表性的研究成果综述中指出，熊彼特的判断被一些经验研究所证实，并且有些研究表明企业的规模与创新行为激励成正相关关系。库恩和莱温还给出了这些经验研究的解释：第一，研发项目需要巨大的资金支撑，在资本市场不完善的情况下，创新必须要面对资金风险，而大企业则有保证资金畅通的优势，因为企业的规模和企业内生资本的获得性及稳定性之间成正相关关系；第二，技术创新也具有规模经济，即只有创新者达到一定的市场规模后，研发的固定费用支出分担到每一个产品之上才能降低；第三，大企业创新行为与市场营销、资金周转等行为能够产生协同效应。

显然，在熊彼特看来，创新需要的是企业规模，而非市场力量本身，就创新需要的最小规模来讲，企业的垄断性地位或大企业的规模实现创新就成为一种可能。但是，不容忽视的是，市场力量本身对创新的产生也是非常重要的（纳尔逊、温特，1982）。正因为如此，新古典经济学家提出了相反的观点，即竞争性的市场结构更有利于促进创新。阿罗（1962）认为，在一定的条件下，行业中的竞争比垄断更能促进研发活动的投入，即使前者仍然低于社会最优。并且一些经济学家的实证研究结果也不支持熊彼特的观点。杰罗斯基（1995）对创新与市场结构的实证研究表明，高度集中的产业在促进

创新方面不如竞争性产业，实际的垄断对创新有阻碍效果，从而否定了熊彼特假定。

相关的研究更关注市场结构对创新的影响，而在熊彼特式竞争之下，也有反向的影响，即创新成功者在没有被模仿之前会获得超额利润，这些成功者会将利润用于投资，则会比其他竞争者更快速地成长，而这样一家企业有可能最终在全行业居于垄断地位。所以，市场结构应该被看作熊彼特式竞争分析的内生因素，创新和市场结构之间的联系是双向的。关于熊彼特假说的研究一般都忽视了这一反向的因果联系，即使是在库恩和莱温（1992）对熊彼特的研究成果综述中也忽视了这一点。

熊彼特的理论过分夸大了大型创新活动的作用，而忽视了小规模创新活动的积极意义，事实上，技术与产品的重大创新活动与小规模创新活动之间存在着相互替代性（盛昭瀚、蒋德鹏，2002）。创新行为本身是偶然性和必然性的结合，因此企业创新就是一个不断试错的过程，容易受到各种偶然因素的影响，其结果和过程是高度不确定的。因此，并非大型创新活动必然成功，而小规模创新活动一无是处。所以说，创新是一个随机过程，有可能发生在任何时候和任何类型的企业中。

（三）基于学习的创新

纳尔逊和温特（1982）强调，新技术由旧技术演变而来，在他们看来，今天创新的结果不仅是一种新技术，而且是增进知识和形成明天创新的基础。新技术的第一种形式往往只是边际地优越于最接近旧技术的形式，而且有时候根本不比旧技术优越。同旧技术比较，新技术的优势在于它是通过改进获得的，而这种改进使未来的改进成为可能。在创新的过程中，通过学习可以获得大量有用的知识，这些知识可以引导企业朝着有希望的可供选择的设计去努力，进而引发创新的出现。这种通过积累知识来学习的创新行为存在着路径依赖的特征。但是，纳尔逊和温特（1982）指出，在同样的知识学习条件下，不同产业的创新行为不尽相同。在一些产业中，企业可能会通过学习形成技术路径，进而推动在位企业的创新行为发生；而在另外一些产业中，知识学习未必能够形成技术路径，而是被在位企业所抛弃。温特（1984）将创新分为两种模式，一种是企业家创新模式，即企业家通过创新进入一个新的市场或业务领域，然而在位企业并不热衷于这样的创新；另一种是遵循技术路径的创新模式，即基于累积知识的创新，在位企业更倾向于这样的创新模式。

注意到温特对创新的分类，人们不禁要问为什么在位企业和新进入者会

选择不同的创新模式呢？高特和克莱珀（1982）发现在位企业与新进入企业各自具有不同的创新优势，由此形成相对优势，这种相对优势的存在依赖于影响创新行为的信息资源的不同。如果信息是企业通过参与市场不断积累的经验，而这些信息又是企业进行创新的重要基础，那么在位企业相对于新进入企业具有创新优势，因为这些积累的不能转移的知识或信息是企业长期在市场上摸爬滚打获得的，新进入企业很难获得这些知识或信息，这就是温特（1984）所强调的遵循技术路径的创新模式。相反，有些创新行为并不需要企业长期从市场中积累的经验，新进入企业此时相对于在位企业具有创新优势。阿罗（1962）和威廉姆森（1975）强调，企业外部环境提供的信息和知识有时很难转移到在位企业那里，而拥有这些知识和信息的企业则会进入市场，进而开发知识和信息的价值，实现创新。这种创新依赖于企业家敏锐的创新机会发现能力，因此可以称之为企业家创新模式，这种模式正是熊彼特所倡导的。熊彼特更加关注的是对单个企业创新行为的研究，强调企业家的作用。在熊彼特看来，与创新相关的知识或信息处在现有企业和市场之外，不受市场需求的影响，而企业家能够意识到这些知识或信息的未来潜能，愿意冒风险参与创新，一旦成功将会获得大量的超额利润（陈劲、王焕祥，2008）。

显然，基于学习（知识）的创新行为并不总是发生在具有知识积累的在位企业之中的，并非在位企业就具有创新优势。因此，新进入企业和在位企业的创新行为并不一定有差距，而应该是一个随机现象。接下来的问题是，即使新进入企业创新，也并非完全不考虑产业内企业技术现状，创新机会的发现依赖于对现有技术发展趋势的把握。新进入企业创新的结果具有不确定性，即创新后的企业效益有可能高于、等于或低于在位企业，有些则可能是破坏性的，哈佛大学的克莱顿·克里斯坦森称之为破坏性创新，破坏性创新一旦发生，将为进一步的创新行为提供方便和激励。

在位企业创新尽管有既定的技术路径可以遵循，但它也是一个不断试错的过程，既受到必然因素的影响，也很容易受到各种偶然性因素，如不确定的信息获得、不确定的技术变动以及不确定的市场变动（陈劲、王焕祥，2008）。所以，企业创新过程中的偶然性和必然性往往共同发生作用，并没有研究表明在位企业必然比新进入企业创新更容易成功，这也印证了在位企业和新进入企业的创新优势只是相对的。

企业通过模仿能够提升企业的技术水平，甚至会引发创新。卡·伊威（2000）认为企业总是倾向于模仿最好的技术，但这似乎并不符合实际情况。或许企业都有模仿最好技术的愿望，但受限于自身因素未必能够成功，如有

些模仿也需要投入巨大的成本，况且模仿如同创新一样将会面临大量的不确定因素。所以，企业模仿行为的选择也必须综合考虑各种因素，可能模仿最好的技术，也可能模仿对企业来讲是次优的技术，即比它原来的技术好，能够给它带来最大利润，但并不是本行业最好的技术，因为企业必须权衡增加技术研发带来的边际成本和边际收益。实践中，寻求边际成本和边际收益相等（此时企业技术研发投入能使利润最大）的点或许非常困难，一些企业采取"摸着石头过河"的方式，只要比原来技术先进就好。另外，企业的模仿行为很难与现有的技术完全保持一致，总有偏差出现，而这种不经意地或者是故意地与现有技术不同的行为一方面可能保持产品的差异性，另一方面却有可能带来意外的收获——创新，在这种情况下模仿可以引发创新。

二、企业的进入、退出与产业组织演化

（一）企业的进入、退出与产业组织

企业的进入、退出会导致企业数量增加或减少。所谓"进入"，是指一个企业进入新的业务领域，即开始或提供某一特定市场上原有产品或服务的充分替代品。与"进入"相反，"退出"指的是一个厂商从原来的业务领域中撤出来，即放弃生产或提供某 特定市场上的产品或服务。

企业的进入、退出与市场结构的变化具有一定的相关性，并且企业数量的增减也会影响企业的行为和绩效。例如，克莱珀和米勒（1995）以及杨蕙馨（2000）的研究都证明了企业数量的增减是市场结构演变的重要决定因素之一，在温特等（2003）的研究中也证明了这一点。另外，杰罗斯基（1995）指出，小规模企业新进入某一产业是非常普遍的现象，但是这些小规模进入的企业的寿命往往非常短，也就是说某些产业表面可能非常容易进入，但在其中生存下去却并不容易。显然，企业的进入、退出是产业组织演化不可忽视的因素。

企业的进入、退出在产业组织中关联着企业、产业与市场，产业组织的很多问题都是围绕着企业进入退出展开的。例如，市场结构是由进入与退出的企业数量所决定的；企业的策略性行为是为了达到进入、占领或退出相关产业目的而进行的；企业的过度竞争则是由产业内进入企业过多引起的，等等。这些问题构成了产业组织的主要内容。

企业可以选择不同的方式进入或退出某一个业务领域。进入的方式可以选择全新进入（白手起家）、收购进入和内部多样化发展等方式（杨蕙馨，2000）。所谓全新进入，就是指一切从零开始，显然这类企业所要面临的进

入壁垒较大（如规模壁垒、资金壁垒、技术壁垒等），成功率相对较低。收购进入是指通过收购的方式购买一家企业，从而进入该企业的业务领域，这种方式由于已经具有一定的在位优势，进入成功的可能性较大。内部多样化发展是企业实施多元化战略的一种形式，虽然与全新进入相比往往具有品牌和资金上的优势，但是与新业务相关的许多机制也都需要重新创立，成功的概率也随之降低。

当企业不能获得正的利润时，它势必会被淘汰（阿尔奇安，1950），这时企业不得不退出相关业务领域。有些企业将固定资产一次性清算，完全退出某一领域；有些企业不断剥离那些经营不善的业务（如 IBM 退出 PC 业务，借助出卖资产获得的资金发展更具竞争力的业务），逐步退出；有些企业会通过横向兼并的形式减少厂商数量，但是这种方式并没有降低生产能力。

（二）进入壁垒与失效

依据贝恩的定义，进入壁垒（也有学者称其为"进入障碍"）是指市场中在位企业相对于潜在进入者的优势，这些优势反映在在位企业可以持续地把价格定在完全竞争水平以上并没有引起潜在进入者进入的程度（贝恩，1956）。从这一定义可以看出，贝恩把进入壁垒视为保持长期高价格的任何因素，形成进入壁垒的因素都可以反映在价格水平上。显然，贝恩主要是从经济的角度对进入壁垒进行分析的，他把进入壁垒分为四种，即在位厂商的绝对成本优势、产品差异、规模经济和特有资源。

如果从在位企业的角度分析，进入壁垒无疑会对在位企业构成一种优势，这种优势阻碍了新的进入。所以，从本质上讲，进入壁垒是对供给的约束，而这种约束之所以有利于先进入者而不利于后进入者是由于先进入者拥有"占先优势"。简言之，进入壁垒本质上是在位者的一种占先优势，这一占先优势可以体现在资源占优、认知占优和市场容量占优等诸多方面（李靖华、郭耀煌，2000；杨蕙馨、王军，2004）。

除了贝恩关于进入壁垒的分类之外，国内对进入壁垒的分类仍然存在争议，因为中国特殊的经济制度导致一些行政性的进入壁垒。例如，杨蕙馨（2000）将进入壁垒分为经济性的和策略性的，或者称为结构性的和行为性的；邓启惠（1996）认为进入壁垒可以分为经济性的和行政性的；陈明森（1993）比较了行政性进入壁垒和法律性进入壁垒的不同。另外，知识或学习能力也应该被看成是在位企业对潜在进入者的一种占先优势，也应该被视为一种进入壁垒。

显然，在一定的背景下，进入壁垒对于企业进入一个新的业务领域确实

会形成障碍阻止其进入，如白手起家的企业全新进入一个新的业务领域就面临着巨大的进入壁垒，除了在那些竞争性比较强、企业规模比较小的行业可以采取这种方式进入外，对于规模大、资本要求数量大的行业，这种进入方式是很难奏效的。然而，如果调整进入方式，进入障碍就不再起作用。例如，索尼公司通过与爱立信合作的方式，各出50%的股份成立索尼爱立信公司（简称"索爱"），索尼轻松进入手机行业继续发挥它在产品设计上的竞争优势，并且索爱迅速成为手机行业里的佼佼者，市场份额迅速得到扩张。事实上，随着新形式的产生（如战略联盟），进入壁垒的阻碍作用越来越成为一种形式，很难阻碍新企业进入。

在目前看来，进入成为一个很难预料的行为，总有一些企业随时可能会进入一些与之原来业务毫不相关的领域，并没有显示出受到任何阻碍。所以说，进入是企业的一种随机行为。企业做决策时尽管会考虑进入障碍的存在，但鉴于竞争环境，在位企业只能默许这种行为。因此，进入是相对容易的事情（杰罗斯基，1995）。从产业角度看，进入是一种随机现象，克莱珀和米勒（1995）证明了美国制造业初期进入的随机性，杨蕙馨（2000）认为关于汽车制造业和耐用消费品制造业的企业进入数量都呈现出随机性的特点。

（三）企业的进入与模仿、创新

企业进入某一产业很难与模仿或者创新脱离关系，也就是说，企业可以采取模仿的形式进入，也可以采取创新的形式进入，即使是全新进入的企业往往也会模仿现有企业的产品、经营方式或管理模式等，或者是在现有企业产品、经营方式或管理模式基础上稍做创新进入该行业，除非这是一个全新的行业，根本没有可借鉴的东西。

杰罗斯基（1995）认为比较高的进入率往往会伴随着较高的创新比例，进而提高企业效率。他指出，进入的效果不仅仅能够打破静态的均衡状态，更重要的是，这种行为能够刺激市场进一步发展。大量的经验研究表明，进入往往作为引入新的创新工具而被进入者采用，这可能是由于在位企业更倾向于保护现有技术带来的租金，而没有动力去寻求新的利润机会去创新，而进入则会逼迫在位者摆脱松弛的运营状态。杰罗斯基（1989）发现对于那些创新行为比较频繁的产业来说，进入率比较高；而阿克斯和奥德莱士（1990）则发现那些小企业更具创新优势（温特强调的企业家创新模式）的产业比大企业更具创新优势（温特强调的遵循技术路径的创新模式）的产业进入率要高得多。但是由于创新面临着大量的不确定性，进入创新并非总能成功。杰罗斯基（1995）认为在不确定性大的产业中企业生存下来的概率相对要小。

这是因为进入创新容易成功的环境中企业的生存下来的概率相对要高得多，而那些进入创新很难成功的环境中，进入企业生存下来的概率相对要低（奥德莱士，1995）。需要指出的是，新进入创新者成功率高的产业与创新活动频率比较高的产业是不同的，杰罗斯基（1995）强调的主要是前者而非后者。在那些创新活动频率比较高的产业中，新企业进入比较多，小企业创新活动频繁，但是真正能够生存下来的概率却比较低（阿克斯、奥德莱士，1990）。

赛蒙尼迪斯（1996）指出，在整个产业生命周期中，企业的创新和市场结构的演变都是随机的。他认为在技术累积进步的产业中，如果这个产业是朝阳产业，将会有大量的企业进入和市场扰动因素。随着产业组织不断地演化，即使市场仍然不断扩大，但是进入速度不断放慢，而且退出企业的数量将会减少，而市场结构则趋于稳定。在一个产业发展初期，将会有许多不同的产品出现，不确定性非常大，市场需求被很多企业分割，这时候企业相对比较小，在位企业没有过强的竞争优势来阻止其进入，企业进入比较容易；随着一种主流的产品设计被接受，行业标准逐渐形成，只有那些能够适应主流产品设计和行业标准的企业能够继续生存下去，而企业间的竞争也由技术创新转变为价格竞争，规模经济日益重要，这时候一些小企业不得不退出该行业，而此时在位企业竞争优势明显，进入壁垒增强，企业进入变得困难，因此在位企业的总数量在下降，最终市场结构趋于稳定。中国的彩电业正是走过了这样一个历程，而手机、MP3（一种音乐播放器）、汽车等行业正在经历这样一个过程。

可见，企业进入能否生存本来就是一个未知数，而创新又面临着大量的不确定性因素，创新并不是每家企业的最优选择。有时模仿成为企业选择的次优途径，尽管这样，企业经营未必能够最有效，但是却能够防止大量沉没成本的发生，降低企业面临的风险。这也是前面所强调的，企业进入究竟采取创新还是模仿并不总是考虑企业的效率问题，还必须权衡成本和收益。这就不难解释我国的企业为什么很少投资于一些关键核心技术的研发，而是更多地追求短期利润，尽管许多企业一再强调许多核心技术都掌握在国外的企业中，我国企业只能赚取附加值最低的加工费用。例如，电子信息产业属于技术周期短和创新频率高的行业，尽管我国有巨大的国内市场为国内企业创新提供创新机会，但是主流技术却被锁定在国外企业，无法形成产业竞争优势。这样，一些国内开发的新技术、新产品无法被扩散应用往往是由于现有市场已经被锁定在国外技术路径和标准上，跨国公司可以利用其先发优势，通过主导技术路径来形成压制追赶者的壁垒（路风，2006）。这种状况如果

不能得到有效改变，我国企业对国外关键核心技术的依赖程度就会越来越大。因此，这一类技术创新必须依赖大企业投入或者国家投入，如中央处理器（CPU）龙芯的研发。

实践中，当企业进入新的产业或者业务领域的方式发生较大改变时，一些企业凭借资金实力加上并购杠杆，可以轻松进入一个全新的业务领域，在技术上究竟是创新还是模仿似乎也变得更加扑朔迷离。有些兼并收购行为本身就是以技术创新为前提的，如海尔集团正是借助并购杠杆进入彩电市场，海尔集团未投入一分钱，以海尔品牌、企业文化和先进的管理模式等无形资产注入杭州西湖集团，成立由海尔集团控股的杭州海尔电器公司，开始彩电生产的历史，并且凭借对数字电视的前瞻性认识，迅速在数字电视时代掌握了自己的命运。这种进入方式很难说企业具有创新行为，但是它却从无到有地拥有了一项技术，通过并购杠杆，企业显然走了一条超常规的创新模式，加快了企业创新的速度，并且提高了成功的概率。

（四）企业的退出与企业选择

企业的生存存在着巨大的不确定性，当企业面临资不抵债的情形时，势必会被淘汰，不得不退出相关业务领域。新古典经济学一直强调利润最大化是企业行动的唯一标准，但是这需要在一定的假设前提下才能够实现，也就是说企业必须拥有完全信息并能保持完全理性，才能实现利润最大化。但是，实践中存在大量的不确定性因素导致现实情况并不能满足完全信息和完全理性的假设条件，所以企业很难实现利润最大化。虽然，将利润最大化作为目标是具有重要意义的，但是谁都不知道究竟是否实现了利润最大化，而且最终仍然是各种效率的企业都存在于市场之中。因此，阿尔奇安（1950）指出，企业生存的前提是实现正的利润而不是预期最大化利润，否则企业将被淘汰，那些实现正的利润的企业将会存活下来，而亏损者则会消失。总之，淘汰总是会从不能获得正的利润的企业开始，如果它通过一系列的规模调整仍然不能获得正的利润的话，就没有必要继续挣扎。

市场的竞争性是决定企业退出的重要环境。不难发现，对于竞争性较强的市场来说，企业进入总是很容易，但是退出的企业也很多，因为进入企业数量过多，会出现"能力过剩"或"过度竞争"现象，许多企业难以维持正的利润，不得不退出市场。"能力过剩"或"过度竞争"指的是这样一种状态：某个产业中由于进入的企业过多，生产能力远远大于需求，许多企业处于低利润率甚至负利润率的状态，但生产要素和企业仍不从这个行业中退出，使全行业的低利润率或负利润率的状态持续下去（江小涓，1995）。能力过剩或过度竞争的危害主要有两方面：一是过度竞争对技术进步的影响；二是过度竞争对市场秩序的影响（张海如、王纪山，2001）。我国国有企业在发展过程中就一度出现这样的状况，因此需要国有企业适当地退出，通过近几年的国有企业改革，这样的局面有了很大的改观。但是，仍然能够发现，不论是在国有企业，还是在其他所有制形式的企业中，一旦其所在的行业是竞争性很强的行业，那么总会有大量的进入和退出现象出现。

企业的退出与产业生命周期也是有关的。产业生命周期理论认为多数产品从投入市场到退出市场所经历的过程可以分为开发阶段、成长阶段、成熟阶段和衰退阶段四个阶段。在开发阶段，基础研究成果用于与工程有关的应用研究、开发，如开创全新的产品和服务领域，这一阶段的市场增长率较高，需求增长较快，技术变动较大，企业进入壁垒较小，但是企业进入数量相对较少，退出企业也比较少。在成长阶段，产业表现出强大的吸引力，将会吸纳和融合更多的资源进入该产业，产业不断扩张。此时，由于受产业内在位企业获取超额利润的吸引，大量企业进入，该时期也是技术创新频繁、不断形成标准的时期，产业竞争性不断增强，但由于市场份额扩张速度很快，所以退出企业数量少，成长阶段是在位企业数量最多的时期。成熟阶段的市场增长率不高，需求增长率不高，技术上已经成熟，规模效应显现，因此会出现兼并重组现象，同时一些企业由于受到竞争和成本的压力，不得不退出市场。市场中主导厂商的作用越来越大，市场趋于集中。衰退阶段的市场增长率下降，需求下降，产品品种及竞争者数量进一步减少。

企业退出也有退出壁垒存在。退出壁垒也可分为经济性退出壁垒、行政性退出壁垒以及法律性退出壁垒，而讨论较多的是由沉淀成本带来的经济性退出壁垒。杨蕙馨（2000）指出，退出壁垒是指当某一产业的在位厂商不能赚取正常利润（亏损）而决定退出时所负担的成本，或者说是已经投入还未收回的那部分投资在退出时依然不能收回，即沉淀成本。江小涓（1995）则认为退出壁垒是指即使在过度进入的行业中，企业的退出仍然有高昂的成本，构成这些成本的主要因素有资产专用性带来的损失、工资刚性和技能差异引起的劳动力转移困难、进入其他行业时碰到的进入障碍，以及社会保障不完善引起的社会问题和政治问题等，这些成本可能很昂贵，以至于企业即使明白继续滞留在能力过剩的行业中已不可能改变其困难处境，但仍然不能或不愿退出。

三、自然选择过程

首先，产业组织演化是企业自身变化和企业间相互作用的过程，在这样

一个过程中充满了不确定性，因此企业行为选择和企业间相互作用总带着随机性的特点。其次，模仿、创新是推动整个产业组织演化的重要动力，但是模仿、创新本身就具有不确定性，不管是大企业还是小企业都有创新成功的可能性，并且企业创新会产生正的外部性，推动整个行业的技术进步，直至出现破坏性的创新打破这样一个技术演化路径。最后，企业的进入、退出行为是市场结构变化的主要表现，企业在进入时究竟是选择创新还是模仿依赖于企业对创新的边际成本和边际收益的权衡，从群体演化的角度来讲，企业进入时的创新和模仿行为同样具有随机性。

结合纳尔逊和温特（1982）以及温特等（2003）的研究可以看出，产业组织演化过程由三个基本过程组成，即选择过程、模仿和创新过程、进入过程。

第一，选择过程。在产业组织演化进程中，尽管所有的企业产出（收益、利润）和成本（固定成本、变动成本和总成本，模仿和创新成本也构成变动成本的一部分）都不相同，但它们都面临着相同的价格（在这里隐含着竞争性市场的假设），这一价格由总供给和总需求最终决定（假定市场出清的话，总供给等于总需求）。尽管价格相同，由于不同企业具有不同的初始资本和生产率，其产出并不相同，因此以后各个时期的绩效也不相同，于是有些企业能够继续生存下去，而一些企业则不得不退出该产业。正是由于存在不同的利润，高回报的企业能够继续存活，而低利润的企业则退出。

第二，模仿和创新过程。模仿或创新的过程正是各企业相互作用的过程，一些企业的生产技术被模仿，另一些企业则可能在自身或其他企业技术的基础上进行创新，提高生产率。这一过程对企业生产率的变化起着决定性作用。由于模仿或创新行为的实施，一些企业的生产率有了大幅度提高，进而提高了企业利润，当然模仿或创新的企业则不得不为此支付一些模仿或创新成本。这样做带来的问题是，一些企业由于不断增长的生产能力和市场份额的扩大而趋向于垄断，在艾斯本·安德森（2004）的研究中采用大企业分拆的形式避免这样的过程。

第三，进入过程。进入过程则是选择和模仿创新同时起作用的过程。尽管潜在企业进入某一产业具有一定的随机性，但随机中又带着企业主动选择的特征，也是潜在企业对当期的产品价格与自己进入市场的表现进行权衡以后才会做出的选择。潜在企业往往采取模仿其他企业的方式进入，因为多数企业没有技术创新的根基。

第五节 产业组织演化环境下企业技术创新策略

企业一旦进入市场，其生产、销售、服务过程就会将企业技术信息传达给顾客，同时也传递给公开和潜在的竞争对手。当然，每个企业也无时不在关注其他企业的发展，市场上企业之间不仅是产品竞争关系，也是技术的竞争关系。这样的环境决定了企业必须重视技术创新策略。

一、领先策略与跟随策略

有一种说法为"人无我有，人有我优，人优我廉"，即表现出企业领先策略。"人无我有"是指产品创新战略，即领先于其他企业创新产品；"人有我优"是指质量领先，它要通过工艺创新和质量管理创新来实现；"人优我廉"是指成本优势，即企业通过加强管理和过程创新，将低成本转变为价格优势。这也是企业围绕同种产品的系列创新，是一个产品生命周期内企业保持领先地位、控制市场、获得利润的策略思路。另一种完全相反的提法则不十分常见，但却是大量企业经常采用的策略，即"人有我有、人优我廉"，表现出企业差别化和跟随策略。"人有我有"是指当市场有人开发出新产品时，企业要及时跟上市场需求浪潮，不掉队，不失去尝试发展和获得利润的机会；"人优我廉"是指企业以成本优势挤入市场，使后发优势得到发挥。

（一）领先策略

领先策略是企业进取意识的表现，也是企业的进攻策略在技术商业化方面的体现，其含义是保持在特定地区和特定行业先声夺人的地位，以率先创新、率先进入市场、率先赢得顾客来获得竞争优势，树立企业求新、求变的形象，为企业成为行业的领导者创造机会。在企业发展中，以发明起家的企业往往有领先意识和文化，追求行业领先的地位，著名企业美国电话电报公司是电话发明人贝尔通过专利出售与应用创办的企业，该企业对技术发明的热衷甚至达到了刻意发明的程度，这种传统一直得到保持。近十年来，美国电话电报公司获得快速发展正是由于发扬了这种精神。领先策略包括三个方面的内容。

第一，时间。领先策略要求能尽早实施策略。技术开发是一个技术不断接近市场、不断使技术成熟的过程，技术的成熟程度与开发的时间有关，研制开发时间越长，技术越成熟。但在时间上却有可能带来两种的被动局面：一是市场需求已经形成，但受制于供给的影响不能兑现，使企业创新利润蒙受损失；二是潜在的竞争对手可能会率先推出类似的技术，使企业陷于被动，

甚至因为巨大的投入不能收回而面临灾难。所以，企业的技术开发必须在时间上处于领先地位，而将技术的成熟程度放在次要地位。这并不是说这种方式一定能够带来成功，而是企业采取这种策略本身所要求的，它以争取商业优先权开始，以赢得市场主动的初衷制定并实施战略，即使不成功也比完全失去市场主动权更有利。当然，企业实施此策略必须有充足的实力、较强的领先战略实施能力和先进的战略意识，尽可能缩短进入市场的时间。

第二，方式或内容。就方式或内容而言，可以有技术领先、市场进入领先、成本价格领先以及其他内部管理（如改革）领先等，但对企业产生根本性影响的还是技术领先策略。在我国改革开放之初，市场潜在需求巨大，任何生意都有钱可赚，但几乎没有多少本国人和外国人愿意冒险，而那些领先者淘到了第一桶金，奠定了以后事业发展的基础。其他领先策略为企业带来的好处和企业经常采用的方式不胜枚举。就技术领先来说，很多在复印机业、传真机业、计算机业、汽车业、半导体设备业、制药业中的大型企业都与产品技术的创新能力有关，其争夺市场领导者地位的关键在于能够最早地将先进技术推向市场。

第三，宣传。领先策略的目的在于树立市场领导者地位，在进入者还没有采取行动之前就吓跑进攻者，形成所谓的承诺效应，这都与企业宣传有关。企业采取领先策略也可以不加以宣传，在中国也有一批低调的企业，虽然在行动上咄咄逼人，但在宣传上却毫无声息，这对企业并不完全有利。必要的宣传可以帮助企业确定行动意向，让顾客更早地清楚企业定位与企业所能够提供的服务，并检验企业战略意图在市场上的可行性。有些企业过早地宣传，而没有采取行动，或者存在着很多行动上的障碍，最终也会导致大量竞争者受此启发而行动，企业因竞争企业进入过多而失去机会。所以，宣传与行动应有机地配合。

领先策略对企业和社会福利都将产生影响，对企业而言，领先策略是企业巩固垄断地位、排斥竞争对手、获得利润的重要手段。

领先策略要求企业必须拥有创新优势和足够的经营实力，否则会出现投入巨额创新成本但不能收回的困难局面，会在领先者市场为自己掘下坟墓。领先企业应充分认识到跟随者总会出现，但技术模仿的难易程度和自己实施技术保护的力度是控制市场、抗拒跟随的重要条件。如果企业只有创新能力，而没有生产组织优势，或者创新的技术本身和技术保护能力不足以使其得到充分的创新利润，企业的领先策略就要大打折扣。概括地说，领先策略实施有三个条件：一是快速和超常的创新能力，像佳能公司那样，领先若干年控制市场；二是在具有创新优势的同时，具有生产组织优势，这样可以迅速降低成本；三是创新技术本身有很好的可保护性，自己的技术保护能力很强。

能够成功地使用跟随策略的企业往往是那些小企业，但并不是所有的小企业都可以在实施跟随策略以后获得巨额利润，甚至在挤出领先者之后成为市场上的主导企业。能够成为这样的企业，重要的条件之一就是具有生产优势，能够大幅度降低产品成本或者拥有销售优势，可以无孔不入，拿到更多的订单，从而实现市场控制。

（二）跟随策略

跟随策略是很多小企业采取的技术发展策略，其含义是注意市场上的技术发展趋势，对那些成熟的技术采取学习、模仿策略，而不是主动出击。这是化被动为主动的策略，也是小企业量力而行、根据自己的灵活性而采取的策略。在我国南方，很多民营企业在海外都设有办事处，它的功能有两个：一是介绍并推销本企业的产品，寻求进入国际市场的机会；二是了解国际市场需求变化趋势。在服装业、玩具业这些结构和造型千变万化的行业中，企业多数都采取跟踪海外市场的策略，这些企业的海外办事处几乎每天都要将海外市场上的产品信息资料以文字和图片的形式传真到国内，供国内企业进行产品开发时参考，甚至直接提供设计图纸。

跟随策略包括两个基本要素。

第一，行业领域。市场机会到处可见，如果企业留意所有信息，就会分散精力，不利于培养自己的竞争能力。所以，企业在采取跟随策略时，需要注意将市场机会与企业战略方向结合起来。这并不否认企业会在战略上偏离传统经营方向，如果企业决定开展多元化经营或者转变经营方向，则企业的跟随对象也应是跨行业的。跟随对象的广泛性与信息成本是一对矛盾体，如果跟随对象较少，可能会与被跟随者一同出现经营错误，而跟随对象较多，则会造成信息搜索成本过高。

第二，跟随时间。技术创新的风险性决定了产品必然要经历一个市场的考验期，成功创新市场的企业，其产品会顺利进入成长期，这时市场前景完全明确，大批跟随者会蜂拥而至，市场竞争会变得十分激烈，但在产品进入成长期以前，包括创新企业在内，谁也不能明确产品的未来，这时机会与风险同时存在。如果跟随策略在此时实施，风险也同样存在，而且过早的市场竞争会降低创新企业的利润，使后续的补充和改进受到影响。这要求跟随策略的实施必须选择在产品进入成长期之前，但市场基本明朗的时刻。这是十分困难的，有些企业在实施跟随策略时，利用自己的快速反应能力，在产品进入成长期而不是刚刚见到某种产品上市时采取跟随策略。事实上，企业能

够承担一定的创新风险，加强自己对产品前景的判断能力是成功实施跟随策略的根本。

对实施跟随策略的企业而言，跟随策略是一种化解风险、降低创新成本的重要方法，企业可以因此获得利润。与领先策略相比，它不是争取第一，而是争取第二。作为第二家进入市场的企业，市场正在扩展，尽管原来市场上的垄断企业可能会采取排斥的态度，但市场扩展和较低的进入成本会打破垄断，在位企业只能采取容纳策略。这样，只要争取第二，企业就有进入市场的机会和获得利润的可能。

二、激进创新策略与渐进创新策略

企业可以在创新程度上进行选择，分为激进创新与渐进创新。人们总以为激进创新对企业和社会福利更有意义，但大量事实表明，连续小的创新对技术商业化的意义并不一定比重大创新小。比如，电的发现使人类进入了一个新的时代，但如果没有变压器、高压输变电设备等的创新，电就无法进入千家万户。激进创新像建筑上的框架结构，渐进创新则像砖和其他充填材料，两者相辅相成，对一幢建筑来说都是不可缺少的。很多人认为，企业激进创新策略和渐进创新策略的选择应量力而行，这实际上隐含着企业应尽可能地选择激进创新，可实际上，人们发现，越是大企业越倾向于渐进创新；越是小企业越倾向于激进创新。

激进创新是指创新产品进入市场使得现有产品立即被替代而退出市场。渐进创新则是指创新产品的出现并没有取代现有产品使其退出市场，而是增加了新的产品。例如，晶体管收音机的创新使电子管收音机不再有市场，电子管收音机完全被取代，这是激进创新；日光灯的创新没有完全取代白炽灯，日光灯在一定范围内取代了白炽灯，但因其功能各有不同，两种产品都在市场中存在，这是渐进创新。

激进创新是产品之间的替代，是一代产品对另一代产品的替代，也是利润的来源从一种产品向另一种产品转移的重要方式，对整个市场而言，产品品种并没有增加。这似乎使社会福利没有变化，但实质上，如果激进创新能够成功往往是因为其有着更好的功能，即消费者以相同的价格可以买到更有效用的商品，这些商品具有节能、环保、灵活、方便等特征，这会使需求曲线向外部扩展，社会福利也会因此增加。

不同企业对实施激进创新策略的动力不同。如果是生产现在产品的企业，它进行激进式创新的结果是创造性的毁灭，吞噬自己已有的利润，除非这种创新可以为企业带来更多的利润。对竞争对手而言，无论其原来从事何种产

业和在什么市场结构中，如果他们希望进入这一市场，使自己的利润从零增加到垄断利润，那么吸引其进行激进式创新的动力就远大于垄断企业。这就是说，在位的技术垄断者激进创新的动力不足，而竞争对手的激进创新动力充足。

如果创新没有损害现有利益，那么垄断企业则有动力实施创新，或者说，它进行渐进式创新的动力与竞争对手相同。例如，渐进创新往往是利用同一市场进行销售，垄断企业对市场熟悉，而竞争对手则必须支付全部的市场进入成本，垄断创新可以利用企业现有产品的生产技术能力，竞争对手则需要有重新建立这一市场的能力。所以，尽管竞争对手与垄断者有同样大的购买专利的动力，但其创新的成本要高于垄断者，其利润必然低于垄断者，因此，实际上垄断者的渐进创新动力要高于竞争对手。

因为渐进创新不会取代现有产品并形成一个全新的市场，所以可以得到净增的社会福利，同时渐进创新也是利用技术创新资源，对社会总体来说也是一种节约，值得政策鼓励。渐进创新往往不会带来原理上的革新，而是以激进创新的技术再应用为前提的，当渐进创新较多时，创新资源可能会枯竭，因此鼓励激进创新也是十分必要的。

从以上分析中可以看到，在完全竞争市场上出现激进创新的动力并不低，因为企业将从利润为零跨越到垄断利润。这是小企业应从激进创新着眼的理由。

三、垄断策略与共享策略

企业是完全保持技术垄断还是同其他企业共享技术也是企业所面临的一种新选择。从企业追求利润的本性来看，每个企业都愿意垄断市场，但如果技术开发成本很高，这种想法可能就不现实，面临着潜在竞争对手的压力，企业需要考虑放弃垄断，而采取共享技术的态度。

（一）垄断策略

企业选择技术垄断策略旨在减少竞争对手给自己造成的竞争压力，获得垄断利润，最优秀的公司往往都具有垄断技术的潜在愿望。领先策略、自主创新与技术垄断策略有着类似的内容。

实施垄断策略的目的在于垄断市场，所以垄断策略由四个基本要素组成。

第一，独立自主的技术创新，尽最大可能减少技术创新的外溢效应。独立创新可以减少技术信息沟通，避免因技术失密而使企业战略意图被对手掌握。企业技术一旦失密，就可能会引来技术模仿者，企业希望通过技术垄断

获得的垄断利润会大打折扣，所以企业宁愿自己独立承担创新的风险和投入，目的是获得持续的垄断利润。这要求企业必须成立自己的技术开发队伍，他们忠诚并富有朝气，有本领域技术的开发经验。

第二，充分利用技术保护制度。技术专利是企业保护自主知识产权的重要手段，企业需要学会运用专利和其他知识产权制度来保护自己。当企业已经拥有自主开发的技术时，一定要通过专利申请获得保护，否则在市场上就地很快出现竞争对手，甚至还会被动地陷入法律纠纷之中，成为自己所开发技术的侵权者和被告；如果得到知识产权保护，一旦出现抄袭，企业就可以通过知识产权保护要求索赔。

第三，关注市场动态，一旦有竞争者抢占自己的传统市场，立即行动。每个技术垄断企业都必须有自己明确的市场定位，当这一市场被竞争对手侵略时，它应集中精力进行抵抗。这要求实施垄断策略的企业必须注意市场上的变化，像佳能公司那样，利用自己的技术开发能力和市场反应能力快速出击，保卫自己的市场。为什么垄断企业不能主动开发技术而必须等待对手出现时才应战呢？一方面，是因为技术发展方向的不确定性导致垄断者并不清楚对手是谁和对手将在什么方向上与自己展开竞争；另一方面，垄断者的技术创新惰性使其不能主动吞噬自己的利润，而必须有足够的外部刺激力。

第四，必要的技术储备与技术积累。垄断企业为了避免被动可以选择一定的技术储备，在自己认为可能的方向上提前进行技术研发，为竞争对手的出现做出准备。它可产生三个效应：①承诺效应，使进入者在看到在位者有足够的准备情况下，不敢贸然进入，增加进入者在进入以后而受到在位者实际打击的可置信性；②覆盖效应，为需求放缓提供技术后备；③训练效应，实施垄断策略的企业需要有自主创新能力的创新队伍，这一队伍如果长期没有新的任务，其能力会落后于市场的要求，所开发的产品是过时的技术，因此要保持创新队伍的热情和能力，就要不断进行组织创新。

垄断策略对社会福利的影响是不确定的：一方面，垄断技术企业有着自主开发的积极性，可以避免"创新僵局"——为了获得技术的外溢效应而等待行业内部其他企业创新，有利于企业创新实力的增强和本国创新能力的培养；另一方面，技术垄断必然造成市场垄断，在垄断企业获得巨额利润的同时，也导致了社会福利的损失。技术垄断者为了垄断技术往往将已经开发的技术申请专利保护，却不将其投入市场之中，这不仅浪费了创新资源，也阻碍了社会创新的整体进展。从总体上看，垄断策略并不十分有利于社会福利增长。

（二）共享策略

与自主开发的垄断策略相对应的策略是共享策略，即合作创新，它是以联合开发技术的形式，以技术协作协议为法律手段，双方共同投入，在规定的期限内完成创新目标，实现共享成果、共担风险，它与垄断策略最大的差别在于它的技术共享性。大多数合作创新是在大学与企业、研究机构与企业、研究机构与研究机构，以及大学与大学之间进行的，由于他们之间没有商业竞争关系，合作之后能够实现成果共享，因此合作往往容易实现，也是一般意义上的合作创新。但近年来，出现了竞争对手之间合作创新的趋势，竞争对手共享创新成果，市场结构也相应出现了重大变化。

很多经济学家认为，实施共享策略是因为创新者看到下列收益。

第一，实现资源共享、优势互补。不同企业的创新资源有所不同，对规模巨大的创新而言，技术系统越来越复杂，相应的创新所需要的能力内容也越来越复杂，经常不是一个企业所能胜任的，而且由一个企业完成创新也不经济。企业为了能够完成创新，需要借助外部力量，但创新本身是企业活动，与非企业合作经常会遇到创新障碍，这时企业会权衡利弊，相互利用竞争对手的创新优势，使创新效率得到提高。

第二，缩短创新周期，提高创新效率。多个企业协作完成创新能使创新能力倍增，如果创新协作得好，可以提高创新效率，缩短创新周期。但是，如果协作不好，可能会导致目标分散，各行其是，延缓创新周期，降低创新效率。协作只是提供了提高创新效率的可能性，创新能力是否会真正得到提高取决于创新协作的最终效果。

第三，分散创新风险，降低创新成本。现代创新投资巨大，企业创新风险越来越高，同时创新投资加大使很多企业无法独立完成创新活动。合作创新可以将创新投资分散给参与创新的各方，使其在共享创新成果的同时，承担创新投资和创新风险。对每个参与创新的企业来说，创新成本都可以得到节约，风险也可以相应地降低。

第四，为未来合作奠定基础，有利于共同垄断市场。创新合作使参与创新的各方共享成果，并成为进入市场的前提条件，如果在同一市场之中，参与创新的各方都面临着未来的竞争环境，但如果有技术合作的基础，它们之间的竞争关系就可能变成合作关系。合作可以是有计划地分割市场，如区域划分和产品类别划分，也可以在同一市场中进行价格合谋。不论哪种情况，都会形成垄断市场的结果。如果有计划地分割市场，每个子市场中的企业都成为垄断者；如果在同一市场中，也会出现类似的结果。由于合谋中机会主

义的存在，所以合作创新更容易形成市场分割的结果，这要求创新有较大的再开发性，也就是合作往往是基础性创新，而允许参与者各自对技术进行再次开发，形成细分的市场。

四、产品创新策略与过程创新策略

企业究竟如何选择创新方向。在形成竞争力过程中，产品创新与过程创新一样都可以成为企业的选择，但企业在一定时期内需要突出一种创新，这时企业需要对创新做出慎重的选择。这与企业所处的环境、创新特长和创新目标有关。

（一）产品创新策略

企业实施产品创新策略往往是为了获得一个新的市场，或者在原来的市场上获得一个扩展的市场，或者取代原来的市场。因此，产品创新获得利润的机会来自赢得一个新市场，并在新的市场上获得垄断地位。

实施产品创新策略关键在于形成产品差别，产品差别越大，企业独立定价能力越强，通过产品创新获得的利润就越高。也就是说，如果存在形成产品差别的机会，企业独立垄断市场的能力越强，越会形成利润。所以，实施产品创新策略的条件是存在着产品市场细分的机会，企业可以用技术方式获得市场的垄断权，或者扩大与其他企业产品的差别。产品创新的另一种情况是参与市场竞争，打破市场垄断，这相当于新企业进入市场，从市场中分割利润。

（二）过程创新策略

过程创新的最终结果主要反映在降低成本上。如果市场进入完全竞争状态，企业实施过程创新就有可能得到全部顾客，因为这个企业有资格将价格下降到其他企业的边际成本以下；一旦实施过程创新策略的企业获得了全部顾客，它也将成为垄断者。所以，在一个产品技术十分普及的市场上，哪个企业过程创新水平高，哪个企业就将成为市场利润的最大获益者。企业在产品创新与过程创新相结合的过程中，过程创新往往具有加强产品创新能力、提高创新成功率的作用。如果产品创新进入市场存在困难，其原因一般来自成本过高，使其垄断利润下的价格水平过高，阻碍了需求者进入，同时也减少了产品创新者的利润。

五、专利策略与专有技术策略

专利是技术发展的重要公共政策，对企业形成知识产权有重要意义，但是尽管企业获得了知识，技术的外溢性在促使企业申请知识产权的同时，也增加了技术失密的机会。为了提防模仿创新，企业会选择专有技术策略。

（一）专利策略

企业和国家都有实施专利策略的必要性，但无论专利策略如何，其核心仍然是申请专利，保护知识产权。

由于专利制度本身具有保护知识垄断权，因此专利可以使企业控制技术的外溢效应：一方面，可以减少由抄袭、技术泄密造成的技术垄断损失；另一方面，企业可以利用公开的技术垄断权决定合作者和出售技术的对象，以获得最大利润。技术的外溢效应往往会变成一个社会福利，当技术在一个国家内部传播时，虽然创新者会遭受损失，但社会收益并没有减少。而如果技术的外溢效应扩展到国外，不仅企业受到损失，国家的福利也会减少。更为重要的是，近年来出现的技术对经济势力的控制越来越明显，这实质上是以关键性要素控制经济在该时期的表现。一个国家为了控制和摆脱控制，往往会十分注意技术专利注册和对技术失密的控制，使实施专利策略不仅是企业的行为，也变成了国家的行为。

就企业而言，专利所保护的范围与它希望控制的模仿创新类别和范围有关，越是容易被模仿和衍生的技术，形成类似产品的可能性越大，越会在未来造成产品市场竞争的隐患。企业为了减少未来的竞争对手和降低保护成本，需要对专利保护宽度进行决策，特别是对外围专利技术的保护要进行选择。

企业为了控制技术的外溢性，避免技术在市场上的流动造成过多的模仿和竞争对手，可以对类似的技术专利实施收买策略。收买策略可以被用在两个方面。一是当企业想要进入某市场时，可以不必自己开发技术，而采取向拥有技术专利权的企业或个人购买关键性技术，包括已经在市场上取得经营成功的技术和尚未进入市场但企业认为有良好市场前景的技术。二是企业为了保护自己的既得利益，对可能造成威胁的技术实施购买措施，实质上，这是企业为了避免出现利润吞噬的危机而采取的主动措施。这要求企业必须对可能参与技术开发的潜在竞争对手进行监测，如果市场上已经出现有可能成为竞争对手的技术，企业支付的购买成本会迅速增加，因为它不仅要支付技术费用、装备费用还要补偿出售者的预期利润，这时企业往往因为投资数额巨大而终止收购，只能听任对手的出现。

企业受多种因素的影响可以在适当时机将专利出售掉。这些因素包括：企业必须集中经营领域；技术外溢效应过于明显而使企业失去对市场的控制；企业出现财务危机；其他偶然原因。企业将专利出售后，可以获得市场剩余

利润，这对企业来说也是一个重要的利润来源。

根据技术外溢效应出现的范围，可以在不同国家申请专利。专利保护是对制度的利用，如果一国制度存在着漏洞，特别是执行力度不够，企业就更需要注重专利的申请并采取非专利手段来保护自己。

（二）专有技术策略

当企业认为没有必要或不应该采取专利保护措施时，企业可以采取专有技术策略。如果技术不具备保密性质，企业可以不对技术采取保密措施，如发电技术全部集中在设备中；按摩和推拿技术主要依赖于员工本身的技能；社区零售没有任何技术可言，只要店主知道货物来源就可以开张。所以并不是每个企业都要采取技术保密措施，但对创新而言，技术保密几乎是普遍采用的，因为创新的目的在于与其他竞争形成差别，这种差别依赖于技术，谁掌握了技术谁就可以利用这一差别获利。

选择专有技术策略来防止技术失密的原因是技术保密本身的成本过高，与技术专利保护相比，成本更高，失密的机会损失更大。

假设创新的技术具有下列特点：①需要保护的技术宽度过大，以至于保护成本高达使企业无法接受的程度；②技术极易被模仿，一旦公开，就会出现大量竞争对手；③技术极为简单，但反求工程却不容易实施，一旦公开，就会使消费者大失所望，最为典型例子是可口可乐的原液配方；④技术隐含在企业系统之中，申请专利范围过大，企业可以考虑用专有技术策略实施技术保密，但这只是必要条件。

企业使用专有技术策略还要求技术本身具有在一定成本下可以保密的特性，企业具有技术保密能力。这也会表现在企业保密管理成本上。此外，专有技术还有一定的广告效应与承诺效应，也就是将国家专利管理部门的信誉加以利用。

考虑以上因素以后，当满足专有技术保密净收益大于专利保密的净收益时，企业会选择使用专有技术策略，而不会选择专利技术。这也就是说，企业选择专有技术方式保密和专利技术保密并不完全取决于技术特性，而是取决于由这种特性和企业能力决定的成本和策略选择。

在技术市场上，经常会遇到重复开发的例子，他们几乎无法申请专利，因为技术本身已经不具备专利价值，或者其核心技术已经被相关专利申请者所保护，但这样的技术竟然也有自己的市场。是什么原因导致了这种情况的出现呢？一方面，技术市场混乱，使专利的保护能力十分有限，技术的需求者在购买此项技术时不去查询有关专利，一般也难以受到专利拥有者的起诉。

技术市场越大，这种状况会越严重。另一方面，专利转让的相关成本过高，包括转让成本、专利查询成本和谈判成本。此外，专利申请者的产品化程度与销售能力也是限制因素之一，有时还会出现同一种技术被重复开发的情况，虽然市场上有多种此类产品，但没有人愿意为此申请专利。

第四章　企业人力资源管理的理论阐释

第一节　人力资本理论及人才结构理论

一、人力资本理论

（一）概述

人力资本理论与人才结构理论有着天然的联系，同人才结构的划分一样，人力资本的划分也是从参与分工和分配的角度来考虑的。美国经济学家西奥多·舒尔茨在《为人力资本的投资》（1960）的报告中首次提出了"人力资本"的经济学概念。随后，加里·S.贝克尔（1992）等经济学大师为经济学的进一步发展开拓了新的领域，如教育经济学等。根据他们的研究，人力资本即人的知识和能力等质量的提高对经济增长的贡献远比物质资本和劳动力数量的增加重要。西奥多·舒尔茨关于人力资本的理论可从三个方面来阐述。

①人才的意义。被称为人力资本理论之父的西奥多·舒尔茨是从探索经济增长和社会富裕的秘密而逐步踏上研究人力资本道路的。他发现单纯从自然资源、实物资本和劳动力的角度，不能解释经济增长的全部原因，而这个被漏掉的因素就是人力资本。在舒尔茨看来，人力、人的知识和技能是资本的一种形态，叫作人力资本，它是一切生产资源中最重要的资源，是财富的主要缔造者。劳动力的概念更多地适用于物质经济时代，劳动者能力与技能的提高是自然积累的结果，教育和培训等都表现为一种自发行为。而人力资本则适用于知识经济时代，信息、技术和知识等都商品化了，教育和培训体现在为获得未来收益而进行的一种自觉的投资行为。根据舒尔茨理论，劳动力转化为人力资本需要具备一定的条件：第一，知识、技术和信息成为商品；第二，劳动的能力被认为是资本的产物；第三，资本产权制度的演变使人的能力（人力资本）可以用来分享经济剩余。

②人才资本的产权特征。从产权角度讲，资本都有其所有者，即都有运

用剩余索取权的所有者，这个所有者可能是个人、国家，还可能是企业、公司等法人。而人才资本这一特殊的资本，却天然地属于人才所有。资本通过人才市场，所购买到的仅仅是"人才的使用权"。不仅劳动者要始终保持对人才资本的私有权，而且我们也必须承认这种私有权。只有如此，才能保证人才资本的正常运营，一旦人才资本的产权发生"残缺"，其资本的经济价值会立刻降低，甚至趋于零。即使在奴隶社会，奴隶失去了人身自由，其本身已作为一个财产归奴隶主所有，但人才资本的私有特征仍然要受到充分的尊重。人才资本只有通过改变物质资本的形态或运用物质资本，才能将自己的价值转移到新的产品或使用价值中，并创造出新的价值。

③提升素质、优化人才质量结构的途径。人才资本的形成包括宏观和微观两个方面。舒尔茨指出了宏观层次人才资本形成的途径：第一，保健设施与服务，广义地说，它包括影响人才寿命、体力、精力以及活力与生命的一切开支；第二，正规学历教育；第三，不是由公司所组织的成年人学习计划，包括像农业中值得注意的扩展规划；第四，适应就业机会改善的个人与家庭的迁移；第五，对其他国家与地区的技术援助和顾问的引进，以及各类回国专业人员和来自互联网的信息等。微观层次的人才资本形成，主要是指人们获得和增加人才的技术、信息、知识存量的过程，它可以被概括为在职培训。在舒尔茨看来，人才资本的形成是劳动者为获得未来收益而进行的主动、自觉的投资行为，以此来取得对剩余价值的分享。

（二）评价

人才资本理论把教育和培训视为一种投资。这种认识在很大程度上基于投资于一般资本品的相似性，即放弃当前消费，把当前收入的一部分用于购买资本品以期在将来获得回报。教育之所以可以被视为投资，就是因为这种相似性，即投入于当前，而回报在将来。根据这种相似性，后来的学者不仅把教育视为一种投资，而且把对健康改善的投入等也都视为人才资本投资。

在科学技术高速发展的今天，世界各国在人力资源开发中早已将战略眼光聚集在人力资源中的精华部分——人才资源上。因为拥有大量的廉价劳动力已不再成为优势，而只有拥有掌握现代科技的顶尖人才，才是真正的优势。人才开发的实践需要人才理论的指导。在"经济增长必须依靠科技进步，科技进步的关键是人才"已成为全世界共识的今天，"人才资本"概念的提出必将有利于科学地指导人才开发。舒尔茨的"人力资本理论"把人力资源作为投资对象，发现了人力资本是经济增长的源泉。而人才资源是人力资源中文化层次较高、拥有资本较多的精华部分，是以其创造性劳动，为社会发

展和人类进步做出较大贡献的优秀群体，它是人力资源中的核心，对促进科技进步和经济增长起着关键作用，而作用的产生也正是源于人才资源所拥有的资本——人力资本。

从人力资本理论中引申出人才资本，是因为人才资本有巨大的增值潜力，人才与经济增长成高度的正相关关系。借用舒尔茨关于人力资本的定义，人才资本是指体现在人才本身和社会效益上，以人才的数量、质量、知识技能、工作能力（这种能力或技能能在人才市场上具有一种价格）为关键因素，特别是创造性劳动成果及其对人类的较大贡献所表现出来的资本。创造性劳动成果的价值体现在社会效益上，有时是无法估算的。例如，弗来明发明青霉素带来的社会效益；爱迪生1000多项发明产生的社会效益；爱因斯坦相对论所产生的经济价值，等等。因此，我们认为人才资本具有超价值的无价性。

当代发展经济学和教育经济学的研究表明，随着教育程度和医疗保健水平的提高，人们的智力和体力不断增强，可以将人力资源提升为人才资源，而人才质量的提高最终会使工作效率大大改观。这种对人才进行开发性投资所形成的可以带来财富增值的资本形式，即人才资本。加大人才资本的投资，是优化人才素质结构的有效途径。

二、人才结构理论

如何预测人才需求以及使人才队伍达到最佳匹配的状态，以发挥人才的最大能力，使人才结构保持健康、稳定，是至关重要的。因此，对人才需求进行预测，对人才结构进行优化，是一个亟待研究的问题。随着预测的研究与发展，人才预测理论和方法有了新进展。

英国人希尔（1945）首次运用数学模型预测和分析了人员按年龄、性别等要素分布的演变及分类人员数量的变化。荷兰学者范赫文提出的替换模型可以把人才的拥有量预测及需求匹配过程融为一体。他们认为，人才结构的优化就是根据人才需求预测所得到的不同层次人才的目标期望值，选择合适的控制变量，通过建立多元替换模型把人才需求预测和匹配过程融为一体，分析人才分布的演变和结构的变化，使人才队伍发展能够达到目标期望值的要求。

不同行业由于其自身的特点，对人才队伍结构的要求是不同的。此外，人才系统有其特殊性：第一，人才培养周期长，因此人才培养一旦失控，调整惯性很大；第二，人才的自适应性强，流动性大。由于人是有主观能动性的，加之人才的作用时效久，因此人才会自觉地适应政策、专业和环境的需要，自动地流向需要的岗位。这两个特点使得对人才系统的分析与对其他领域的分析有所不同，也给人才队伍结构的分析带来了困难。人才队伍是一个复杂的人力系统，这个系统对各个层次的人员要求是要有一个合理的配备。同时由于系统内人员的流动、流向、流量使系统经常处于不断变化的状态，它属于一种抽象的非物理系统，特别是系统中多重因素和多变量的相互作用、相互影响给系统的研究带来了较大困难，造成其状态不易被判断，结构不易被明确。人才的作用是通过群体实现的，如果结构合理，效益就高。

王通讯从经济结构来理解人才结构。他认为，经济结构决定人才结构，但是人才结构也可以反作用于经济结构。对于人事与人才综合管理部门来说，关注与研究经济结构的目的在于如何使国家宏观人才结构与宏观经济结构相适应，以达到加快经济发展、促进社会进步的目的，如社会人才在不同产业、不同行业、不同地区、不同所有制经济中的分布，等等。

要研究一个国家的人才结构，即不同类别与层次的人才资源分布究竟合理不合理，就应该考察这个国家的生产力布局，也就是客观存在的不同行业、不同所有制、不同区域等对人才资源配置的有效需求。需求与供给是一对矛盾，如果需求大于供给，说明那里人才短缺，需要人才流入；如果供给大于需求，说明那里人才过剩，需要人才流出。

第二节　企业人力资源管理的相关理论

随着经济全球化的进一步加剧，企业之间的相互竞争越来越激烈，不少大型企业因为没有及时采取合理的应对措施而逐渐走向没落，甚至破产、被收购。也有不少企业以时代发展为风向标，不断创新和完善自身的管理体系，逐渐发展壮大。随着新时代的来临，人力资源竞争力在各个企业中的地位越来越重要，不少企业深刻地认识到新时期企业之间的相互竞争实际上是企业人力资源的竞争，谁能拥有人力资源竞争优势，谁就能在企业竞争中胜出，赢得市场的青睐。所以，如何提高企业人力资源的竞争力，最大限度地发挥企业人力资源的优势，值得我们深入地探究和思考。

一、人力资源管理的含义与职能

（一）人力资源管理的含义

企业是一个组织。组织是由一群有明确的角色分工，并且为了实现组织目标而在一起工作的人所组成的。管理者则是通过对组织中人的活动加以管理来确保组织目标实现的人。

大部分专家都同意管理包括以下五种职能：计划、组织、人事、领导和控制。总的来说，这五种管理职能就代表了所谓的管理过程。每种管理职能中所包含的一些特定管理活动包括以下内容。①计划：确立目标和标准；制定规则和程序；制订计划和进行预测，等等。②组织：为每一位下属安排一项具体的工作任务；设置部门；向下属授权；建立权力链条和沟通渠道；协调下属之间的工作，等等。③人事：决定应当雇用何种类型的员工；招募未来的员工；甄选员工；培训和开发员工；制定工作绩效标准；评价员工的工作绩效；为员工提供咨询服务；向员工支付报酬，等等。④领导：促使他人完成工作；维持员工士气；激励下属，等等。⑤控制：制定销售额、质量水平或产量等的标准；对照这些标准来检查员工的实际工作绩效；在必要时采取纠正行为，等等。

人力资源管理（HRM）是一个获取、培训、评价员工和向员工支付报酬的过程，同时也是一个关注劳资关系、健康和安全以及公平等方面问题的过程。下面的这些主题能够使我们获得一些基本概念和技术，从而帮助我们完成管理工作中涉及的一些与"人"或者"人事"有关的工作。这些主题包括：进行职位分析（确定每一位员工所承担职责的性质）；预测劳动力需求以及招募求职者；对求职者进行甄选；对新员工的上岗引导和培训；工资和薪金的管理（向员工支付报酬）；提供奖金和福利；评价工作绩效；进行沟通（面谈、提供咨询服务、进行纪律惩戒）；培训和开发管理人员；培养员工的组织承诺度。另外，这些主题还包括管理者需要了解的以下几方面内容：公平就业机会和积极的反歧视行为；员工健康和安全问题；处理争议和劳资关系。

（二）人力资源管理的职能

首先，人力资源经理需要直接指挥本部门员工以及其他一些相关领域员工的工作活动。

其次，人力资源经理还需要对各种人力资源管理活动进行协调，这种职责通常称为职能权力或职能控制。这里是指人力资源经理要确保直线管理人员能够执行企业的人力资源管理政策。

最后，对于人力资源经理来说，协助直线管理人员开展工作并向他们提供建议是其本职工作的核心所在。人力资源经理要向首席执行官提供建议，以使他们能够更好地理解公司的战略选择所涉及的人力资源管理问题。人力资源经理还要协助直线管理人员完成员工的雇用、培训、评价、支付报酬、咨询、晋升以及解雇等方面的工作。此外，人力资源经理还负责管理各种福利计划（如健康和意外保险计划、退休金计划以及休假计划等）。他们还要

协助直线管理人员遵守公平就业机会和职业安全方面的法律规定，并且在处理各种争议以及劳资关系方面扮演重要角色。不仅如此，人力资源经理和人力资源管理部门还扮演着"创新者"的角色，他们要为直线管理人员提供关于各种发展趋势的最新信息，以及有助于更好地发挥员工（人力资源）作用的最新方法方面的信息。另外，人力资源经理和人力资源管理部门还要扮演员工利益维护者的角色，即他们要在自己承担的主要职责框架范围内，在高层管理者面前代表员工的利益。尽管人力资源经理通常不能（在本部门之外）行使直线权力，但他们却可以行使一种隐性权力。之所以这样讲，是因为直线管理人员都知道，人力资源经理经常会与公司的高层管理者谈论甄选测试以及积极的反歧视行动等这样一些人力资源管理问题。

二、人力资源管理发展趋势的影响因素

（一）经济全球化

经济全球化是指企业将它们的销售、所有权以及（或者）制造活动向国外的新市场扩张的这样一种趋势。

企业进行海外扩张的原因有很多，扩大销售额就是其中之一。正是由于这方面的原因，谷歌公司通过启动它的谷歌中国即时信息服务系统来提高在中国的市场占有率；沃尔玛在南非开店；而戴尔公司在了解到中国将很快成为世界上最大的个人电脑市场后，正在中国积极建设新的厂房并扩大产品的销售渠道。

企业之所以走向海外，还有其他方面的原因。一些制造商希望寻找能够销售的国外新型产品和服务，同时降低劳动力成本。因此，一些服装生产商在美国迈阿密设计和裁剪布料，然后在劳动力成本相对较低的中美洲进行实际产品的缝制。另外，和国外某家企业结成伙伴关系的潜在可能性也会促使一家公司到海外去做生意。几年前，国际商业机器公司（IBM）将其个人电脑事业部卖给了中国的联想公司，其中的重要原因就是 IBM 想同快速发展的中国市场保持更加紧密的联系。

对商业人士而言，经济全球化的基本特征为：经济全球化的程度越高就意味着竞争越激烈，而竞争越激烈就意味着企业需要承受越大的成为"世界一流"的压力——进一步降低成本，使员工更富有生产率，发现更好的成本更低的工作方法。正如一位专家所指出的："最基本的情况是，随着世界经济日益整合成为一个单一的巨大市场，在一个覆盖制造业和服务业的广阔范围内，原本激烈的竞争进一步加剧。"现在，员工和企业都必须比出现经济

全球化之前更加努力，同时也更加聪明地工作。

正因为如此，经济全球化既给我们带来了收益，也给我们带来了挑战。对消费者而言，经济全球化意味着从电脑到汽车的所有商品现在都变得价格更低，而质量却更高了，但同时也意味着大家现在需要更加辛勤地工作，并且工作的保障性或许比过去更差了。工作离岸，即由国外的员工来完成以前由本国人所做的工作，这一概念就描述了这种威胁的存在。

（二）管制放松和负债增加

其他一些发展趋势也推动了经济发展，管制放松就是这种趋势之一。在许多国家，政府都解除了过去在许多方面进行的管制。以美国和欧洲为例，阻止商业银行进入诸如证券经纪等领域这样的管制措施已经放松了，在这种背景下，像花旗银行这样一类巨大的跨国型"金融超市"迅速出现。然而，随着经济的迅速发展，更多的企业和消费者背上了沉重的债务负担。购房者在买房的时候通常只支付很少的现金，而银行则很随意地借钱给开发商，让他们去建造更多的房屋。

（三）技术的发展

众所周知，技术的进步已经改变了我们所做的几乎每件事情的性质。我们使用掌上电脑来与公司保持联络、规划自己的旅行、进行个人理财，并且通过在线的方式来定制适合个人独特需要的新电脑。类似地，技术不仅改变了企业所做的事情，还改变了它们做事的方式。比如，技术（基于互联网的通信技术）使得戴尔公司以及其他成千上万家企业能够将自己的呼叫中心整体转移到印度。又如，零售商飒拉（Zara）公司也不再需要承担昂贵的存货成本，它正在经营着一个基于互联网的全球销售网络，这个销售网络与其同样位于世界各地的各个出货登记中心是联系在一起的。当位于西班牙的该公司总部看到某家商店中的某种服装正在快速出货时，飒拉公司的计算机化生产系统就可以在几天的时间内对需要用到的布料进行染色、裁剪并将其制作成服装，然后快速发往那家商店。很多公司都运用在线的虚拟社区来提高效率。

（四）工作性质的变化

工作性质变化的一个潜在含义就是，技术进步同样会对人们完成工作的方式以及当今员工所需要的技能和培训等产生巨大的影响。越来越多的工厂型工作变得高科技化。美国出版的《职业前景季刊》指出："航空、计算机、通信、家用电器、制药和医疗器械等行业中的知识密集型高科技生产类职位，正在替代钢铁、汽车、橡胶和纺织业中的工厂类工作。"服务型工业导致工作的性质出现"从肌肉到大脑"的转变，并不只有技术这个唯一的驱动力。

在全球竞争环境下，越来越多的制造业工作岗位将向低工资国家转移。比如，李维斯·施特劳斯是美国仅存的几家主要服装生产商之一，但是该公司在几年前也关闭了其在美国的最后几家工厂。生产率的大幅提升使得生产企业能够用更少的员工生产更多的产品。零库存生产技术也使得企业每日的生产计划安排能够更准确地与客户的需求相吻合，从而大幅减少了系统中的浪费，同时也降低了库存需求。随着生产商将基于互联网的客户在线订购系统与零库存生产系统整合到一起，生产计划安排变得越来越精确。越来越多的生产商还通过与其供应商合作建立了一条完整的供给链。

（五）劳动力队伍和人才结构的发展

有一些专家指出，现在的许多年轻劳动者可能与他们的父辈有不同的工作价值观。一项研究表明，老一代的员工更有可能是以工作为中心的（在进行职业决策时，对工作的关注要超过对家庭的关注），年轻一代的员工则更有可能是以家庭为中心的或者是兼顾两个中心的（在家庭生活和工作生活之间保持平衡）。

美国《财富》杂志指出，当今的"Y一代"（美国人把1983年到1995年出生的人称作"Y一代"）员工将会给企业同时带来挑战和优势。它认为，这些员工或许是"人类历史上最难留住的员工"。《华尔街日报》则把他们称为"最爱得到表扬的一代"。不过，作为使用电脑和电子邮件成长起来的第一代人，他们运用信息技术的能力同样也使他们成为绩效最高的一代。

（六）企业价值链的建立

面对未来竞争，一个恒定不变的课题是如何建立和运行客户响应能力强的组织。所谓的客户响应能力包括：创新；快速决策；成为行业价格或价值的领导者；有效地连接供应商与分销商并为客户建立价值链。研究表明，员工的态度与客户的态度之间有高度相关性，这一点凸显了建立价值链的重要性。

将人力资源（HR）工作的重心从原来的内部活动转向供应商与客户的价值链，有着非常重要的意义。长期以来，HR专业人员与理论学者一直强调公司内部的HR工作。现在，以客户为导向的转变使HR工作的重心从公司内部转向公司所处的价值链。公司内部的HR工作也适用于公司外部的供应商与客户。基于价值链的培训，可以将供应商、员工及客户整合为一个价值链团队。在基于价值链的员工奖励计划中，可以让供应商和客户成为公司经济价值的评估人和分配者。由于重心从公司内部转移到价值链，所有HR

工作都必须依据客户标准来重新严格定义。

企业的外部关系除了价值链外，还包括价值网络。价值网络是由企业与其他企业间复杂的相互关系形成的。

（七）通过增加营收提升盈利能力

盈利能力是企业存在的先决条件。一个在利润上不具备竞争力的企业在失去长期垄断地位后必然消亡。盈利能力在未来仍将是重要的经营课题，而盈利的途径则必定会有所改变。在可见的未来，利润的提升将更多来自营收增长和成本降低的结合，尤其是越来越多的企业管理者发现并开始重视利润公式中的另一部分：营收增长。增加营收的三个途径都与 HR 相关。

第一，充分利用客户资源创造营收增长，努力吸引现有客户多购买其产品。例如，几乎所有金融服务公司都会设计最能吸引客户的金融交易，包括支票账户、存款账户、股票基金、年金、抵押贷款、信用卡、保险、共同基金、定期存单等。成功的金融服务企业会设法提高这些交易成功的概率，也就是运用资产组合使资产增值。

善用客户资源来增加营收的组织必须建立流程、培训人员，以快速响应客户的需要。员工必须全心服务于主要客户，并维持密切的关系。

第二，发挥公司核心能力的作用，也就是开发新产品，努力将研究成果转化为产品。新产品的推出通常围绕组织的核心能力，跨部门的产品团队首先要确定他们的核心能力，然后将这些核心能力转化成新产品，而新产品往往代表了新的营收。

第三，整合、收购和合资。几乎每位曾经参与并购整合的人员都能感受到并购对组织响应能力的极高要求。对于并购企业来说，财务和战略的融合比较容易做到，但企业文化的融合就比较困难，甚至很多并购整合的失败就是由于企业文化难以相容。

不论企业选择哪种增加营收的途径，都必须重新思考组织及 HR 工具，才能通过组织运营实现增长的目标。

（八）聚焦于组织能力

要将战略目标转化为企业日常的经营活动，就必须重新定义组织能力，以整合组织中的个人能力。组织能力就是企业竞争力的"DNA"，是企业超越竞争对手的能力所在，既可能是技术之类的硬能力（如开拓新市场的技术能力，以及能够同时在多个市场积极响应的财务灵活性），也可能指组织能力之类的软能力（如能在市场上更快速行动的能力，以及对全球性外派人才的吸引和保留能力）。通常来讲，软能力较难被创造与仿效，我们可以看到不少公司在试图提升软能力（如全面质量管理和流程再造）时遇到很多挫折。大多数调查结果显示，提升组织软能力的失败率高达 75%。对公司而言，不断提供优质的产品以适应全球市场的组织能力，其重要性仅次于生产出优质产品的能力。

关于组织软能力的研究显示，组织正朝四个方向努力：建立组织信心的能力，让组织内外人员相信管理者言行一致，并能维护他们的声誉；消除组织边界的能力，让信息与观点能够跨越组织层级边界、部门边界和外部边界，顺畅流动；培养组织变革的能力，促进组织持续创新的灵活性与敏捷度；培养持续学习和自我突破的能力。企业经营者有责任识别和培养这些能力，以提高公司竞争力。

HR 必须首先确定哪些是组织必备的能力，然后再有针对性地设计工作内容。

（九）有效保障智力资本

在持续变化、经济全球化、高度依赖技术的环境中，吸引与留住人才已经成为企业的另一个战场。就像运动队积极雇用最佳运动员一样，未来的企业组织必须积极地争取最优秀的人才。随着对派驻到全球各地担任总经理的人选的技能要求越来越严苛，符合条件的人才越来越少，成功的企业必须能够吸引、培养和留住具备领导全球企业所需技能、视野和经验的人才，要不断寻找优秀人才，让企业拥有向全球销售产品及提供服务的智力资本。

要使组织智力资本获得有效保障，需要领导力的提升与领导梯队的建设。未来企业的领导方式是团队分享型，而非个人专权型，是持续的开拓冒险，而不是日常问题中的一系列命令指挥。为适应这些新趋势，企业未来的领导者必须是全球型领导者——能适应全球环境，了解并运用不同文化，能兼顾全球规模经济与地区响应。要给领导力注入新的内涵，就要建立新的领导力模型。公司现在未必拥有这种领导者，但是这种领导人才是可以被创造或寻找的。

要使组织智力资本获得有效保障，需要让所有的想法与信息在公司内得以快速分享。一些大型的专业服务公司正在尝试利用技术（如互联网）建立知识网络，让每个顾问都能快速地获取及分享信息。在研究过学习型组织后我们发现，学习行为发生在一种想法产生（如发现一个新的工作方法）并在公司广泛传播时。保障智力资本不仅意味着要产生新想法，还要在组织内传播分享这个新想法。直线经理和 HR 必须制定鼓励这种学习的政策与标准。

要使组织智力资本获得有效保障，需要的不只是学习，更多的是快速学

习。一个能够进行快速学习的组织会通过改进信息的传播流程，使想法和创新得以迅速跨界传播。卡尔·威克所进行的研究显示，当管理者将机会转化成愿景，再将愿景转化为行动，让行动满足客户需求时，便能产生快速的学习行为。有效管理这些流程可以缩短组织中智力资本的半衰期（知识半衰期，指 50% 的知识变得不再适用的时间）。创造一个可以持续提升智力资本的组织将是未来 HR 工作中具有深远意义的一个方面。

要使组织智力资本获得有效保障，需要改变企业的评价方法。传统的评价方法着重于经济成本（如获利表现或财务绩效），而现在还应该增加对智力资本的评价，HR 未来所面临的主要挑战之一就是寻找并使用这类评价方法。

第三节　企业人本管理研究的必要性

人本管理主要是从 20 世纪 60 年代开始的，发展至今，已经引起很多专家和学者的重视，很多企业也已经开始人本管理的研究。

一、尊重人、依靠人体现了管理的本源

任何一种管埋理论都是以对人和人性的认识为假设前提的，所以管理的本质其实也就是依靠人和尊重人，应从人的本性假设出发进行研究。在管理过程中，公平是一个重要的原则，公平原则对人的行为和态度起着积极的作用，深究其原因不难发现，从人的情感上来讲，每个人都希望能够实现自我价值，希望自己得到认可，一个普通人，不管身份贵贱、地位高低都希望得到别人的尊重；从人的思想上来讲，每个人都追求存在感，希望自己的想法被征询，所提出的建议能够得到他人的重视和采纳，不希望企业的管理者把自己当作干活的工具，而是希望自己是一个有想法、有独立能力、有思想的完整的人。如果企业对员工十分重视，充分尊重每个人的想法和意见，并以此为基本点进行管理，那么企业所拥有的不仅是账本的盈利数据，还有可被称为无价之宝的人力资源。

二、服务人、培养人反映了管理的目标

人本主义特别重视人的终身学习、培养和教育。人的一生是一个从开始到结束不断完善的过程，这一过程的完整性在于人从家庭、学校及人工作劳动的社会组织中，受到了正确的人性化的良好教育和培养。人在社会上生活产生种种差异和不同的原因，既有天生的重要成分（我们必须承认是与自己

家族生命传承的积累和变化密切相关的），也有后天的养育、学习、培养和锻炼以及人生经历的影响，是与组织和社会的本质和变化密切相关的。

非职业性教育的社会组织也有着帮助人不断完善的义务，而且笔者认为社会组织对人的完善起着更重要的甚至是决定性的作用。因为它不仅能直接给人以更切实的生活与工作方面的教育和培训，更重要的是让人在生活的海洋里得到了真正的锻炼和考验，因此社会组织能同时从理论和实际两个方面让人受益。为此我们要改变社会组织的生产、科研等单一职能。

我们也要承认，无论如何努力改造人、改造社会，我们都不可能让所有的人在今生完全实现自己的心愿，我们也不可能使所有人实现同样的富裕，但是我们有可能让绝大多数人都相对快乐地活着。政府，特别是组织机构有义务也有可能使每个与其同甘共苦的成员成为特定的人才，并在不同程度上能为实现人的生命价值做出积极的贡献。

对人的培养应该是在人的使用中、在人的实践中进行的，因此我们在尊重人格的基础上必须绝对化地确定共同的社会标准。但我们在具体用人方面可以因人而异——根据人的不同特点和长处，最大限度地挖掘其潜力，发挥其才干。在对人的认识、理解、培养、挖掘、使用等诸多问题上，同样是有其内在规律性的，我们既要对人抱有最大的善意、诚恳和耐心，同时我们也必须根据实际情况来处理好关于人的各种问题。人本主义主张尽一切可能让人的生命价值和意义在劳动和实践中都能被充分体现出来。

三、人本理念对人力资源管理的挑战

（一）人本理念与企业内外环境之间的磨合

当前，在市场经济发展日益迅速的今天，每一家企业都面临着十分激烈的竞争环境。这种竞争环境不仅体现在销售方面、财务方面，还体现在人员方面。对于企业来说，其面临的首要问题是如何生存，其次是如何实现发展。在人力资源领域完全按照以人为本的方式去做很有可能就会面临严重的生存危机。全球福利最好的企业之一谷歌公司，其人性化的管理措施，对每一个打工者来说都有强大的吸引力。谷歌的措施对全球其他企业也产生了一定程度的影响。但是，并不是每一家企业都能采用这种人性管理制度。有分析称，谷歌式管理的背后是高效率的生产方式。也就是说，采用"以人为本"理念进行管理的企业必须要有较高的生产效率，人本理念也是为企业能高效地生产服务的。在企业方面，要实现人力资源管理的"以人为本"理念，首先要从领导者出发，构建一种高效的企业内部生产环境，以适应企业外部的竞争。

因此，对于人力资源管理来说，人本理念的实现需要企业自上而下地构建一种高效、竞争的企业文化，需要企业最高决策者的参与。

从企业文化的角度看，自企业创立开始就需要确立人本理念。这与企业性格紧密相关。企业创建者的风范给企业文化种下了原始的基因，逐渐成长发育，形成企业当前的特性。如果对企业文化进行大范围的变革，就会给员工带来一定程度的不适感，从而影响企业的效率，进而影响企业的竞争。

（二）人本理念与人性之间的冲突

人是复杂的，人不仅有善的一面，也有恶的一面；不仅会贡献，还会贪婪。员工进入企业之中，对于相同的企业文化会有不同的感受，因此也会采取不同的行为。依靠企业文化和管理中的教育有可能不会对其做法产生实质性的影响。员工本人的行为反而可能勾起其他人心中的恶念，从而对企业的发展产生坏的影响。

（三）人本理念对人力资源管理者素质的挑战

人本理念并不是简单的如同笔者写下的这些文字一般，也并非通过开会就能确立，而是需要人力资源管理者做大量的工作予以实现。因此，人本理念的确立和企业人力资源管理者的素质密切相关。一方面，人力资源管理者需要全面了解企业的发展战略，将企业的发展战略同人本理念结合起来，在人力资源管理工作中实现这方面工作的落实。对人力资源管理者来说，这不仅需要一定的理解力，还需要一定的执行力。另一方面，人力资源管理者需要结合企业文化建立一套以人本理念为核心的企业人力资源管理指标体系，将人性和理性结合在制度中，获得员工谅解的同时落实公司的各项制度以满足企业发展需求。这一点对于人力资源管理者来说，能力要求自不必说，还要与企业员工搞好公共关系，树立企业人力资源部门的良好形象。

第四节　人力资源管理的发展过程及趋势

现代人力资源管理起源于英国的劳工管理，并经由美国的人事管理演变而来。第二次世界大战结束以后，在管理的研究领域人们越来越注重对人本性的研究，在管理观念上也逐步由只重视人与机器的配合转变为重视对人的尊重和激励，通过各种手段调动人的积极性，维护人的工作热情，劳工管理的概念被人事管理所代替。

不过，这种转变只是体现在对人的评价比以往更加客观上，在对人员进行管理的过程中，如在人员的招聘、选拔、分派、工资发放等方面对员工更加尊重，但人仍然只被看作是与其他物品一样的为实现企业目标而必需的一种要素，而它与其他要素不同的只有人才具备的能动性特质并没有得到充分的认识和肯定。人事管理在组织中只被视为低档、技术含量低、无需特殊专长的工作，其活动仅限于人员的招聘、遴选、派用、工资发放、档案保管之类琐细的具体工作。后来，人事管理又涉及职务分析、绩效评估、员工培训活动的组织等工作，在性质上属于行政事务性工作，其活动范围非常有限，主要由人事部门的职员具体执行，基本不涉及组织的高层战略决策。

20世纪70年代以后，首先是一些企业家逐渐认识到，人与其他要素在组织中所起的作用是不同的，人的能动性和创造力是无法替代的，组织对人的利用并不像对其他要素那样充分，人的潜能并没有被充分挖掘和发挥出来，这种状况不论对组织还是对个人和社会，都是一种损失。在一个越来越注重创新的世界中，如果对人的管理能够转换一个角度，以使每个个人的潜力能够得到充分发挥、价值得到充分体现，那么无论个人、组织还是整个社会都能从中获益。而要做到这一点，组织就应该把人看作是一种不可替代的资源，而不仅是组织的雇员，他们在组织中就应该得到更高程度的重视，组织应该能够在对他们更加尊重的基础上对其进行充分的开发和利用。于是，人力资源的概念应运而生，一种新型的以人本主义管理理念为理论基础和主要特征的人力资源管理模式于20世纪80年代逐步凸显，传统的人事管理已明显不再适用于企业，并从管理的观念、模式、内容、方法等开始全方位地向人力资源管理转变。这种管理模式与传统的人事管理相比，已不仅仅是名词的改变，两者在性质上有了本质的差异。这种管理模式的采用，也为企业带来了丰富的效益。

现代人力资源管理与传统人事管理的主要区别如下。

①现代人力资源管理拓宽了传统人事管理的职能，使其从行政事务性的员工控制工作转变成为实现组织的目标而建立的一个人力资源规划、开发、利用与管理系统，以提高组织的竞争力。因而，现代人力资源管理与传统人事管理的最根本的区别在于前者较后者更具有战略性、整体性和未来性。

②现代人力资源管理将人力视为组织的第一资源，更注重对其的开发，因而更具有主动性。当前，组织对人力资源的培训与继续教育越来越重视，投资也在不断增大，许多世界著名企业均投资成立了自己的培训教育学院。培训和教育的内容更加广泛，组织中参加培训和教育的人员越来越多，人力资源开发的方式也越来越丰富，另外，组织更加注重对员工的有效使用。

③现代人力资源管理部门成为组织的生产效益部门。过去，传统的人事部门是作为组织的成本部门而存在的，实现效率目标的方式主要是努力使人

事管理的成本最小化。现代人力资源管理则通过实现管理的各种功能为组织创造效益。人力资源开发的最终结果就是能为组织带来远大于收入的产出，人力资源的整合与调控以及激励与报酬则可增加员工的满意感，提高其劳动积极性，发挥人力资源的整体优势，为组织创造效益。而现代人力资源管理通过管理过程在节约成本方面所达到的效果也远比传统的人事管理要高。

④现代人力资源管理对员工实行人本化管理。现代人力资源管理视员工为"社会人"，它不同于传统人事管理视员工为"经济人"，它认为，组织的首要目标是满足员工自我发展的需要。在这种管理模式下，对员工进行管理时，更多地实行"人格化"管理，注重员工的工作满意感和工作生活质量的提高，尽可能减少对员工的控制与约束，更多地为员工提供帮助与咨询，帮助个人在组织中成长与发展，如为员工提供培训机会，为员工提供发展机会，帮助员工进行职业生涯设计，为员工提供工作与生活咨询，等等。

总之，现代人力资源管理较传统的人事管理更具有战略性和主动性，更适合当今组织的管理模式与发展趋势。而且，现代人力资源管理是每一个管理者的职责，而不仅是人力资源管理专职人员的责任，直线经理已成为人力资源管理的主要责任者，人力资源管理专职人员的责任在于辅助直线经理做好工作。

第五章　企业组织结构设计的原理分析

第一节　企业组织的相关概念

一、企业组织和组织结构的概念

管理心理学家巴纳德认为，组织是一个有意识的协调二人以上的活动或力量的合作体系。另两位管理心理学家孟尼和雷列则认为，组织是由为达到共同目的的人所组合的形式。一个组织群体，如果想有效地达成其目标，就必须在协调合作的原则下，各人做各人不同的事。

企业组织是众多组织中的一个重要类型，它是由两个或更多的个人在相互影响与相互作用的情况下，为完成企业共同的目的而组合起来的一个从事经营活动的单位。

研究企业组织结构、组织行为与组织心理，就是利用群体中的组织结构与分工、权利和责任，以及信息沟通与人际关系的协调手段，调动企业内每个员工的积极性，保证企业目标的实现。

具体来说，企业组织的任务有如下三条：一是规定每个人的责任；二是规定各成员之间的关系；三是调动企业内每个成员的积极性。

管理心理学家艾伦提出，企业组织的任务是确定组织所要完成的工作，限定和分派权责，并建立关系，使人员能有效地达成目标。此外，企业组织为了实现某种共同的目标，经由人员的分工及功能的分化，利用不同的权利与职责而合理地协调一群人的活动。

经过上述一系列活动，组织最终在职务范围、责任、权利等方面所形成的结构体系就是组织结构。组织结构的本质是组织内员工的分工协作关系，其内涵是人们在职、责、权方面的结构体系，又称权责结构。这个结构体系的主要内容包括：职能结构，即实现企业目标所需的各项业务工作及其比例关系；层次结构，即各管理层次的构成，又称组织纵向结构；部门结构，即各管理部门的构成，又称组织的横向结构；职权结构，即各层次、各部门在权利和责任方面的分工及相互关系。

二、企业组织结构的特征因素

组织结构的特征因素是描述组织结构各方面特征的指标或参数。通过这些特征，我们可以了解一个组织的基本情况，确定一个组织的性质。这些特征因素是对企业组织结构进行评价和比较的基础。企业组织结构的主要特征因素有以下几个方面。

①管理层次和管理幅度。管理层次描述的是企业的纵向结构特征，是从企业最高一级管理组织到最低一级管理组织的各个组织等级。企业管理层次的多少表明了企业组织结构的纵向复杂程度。管理幅度则表明了一名上级管理人员直接领导的下级人员的数目。这两个特征因素是密切相关的，一般来说，如果管理幅度小，管理层次就会多一些，反之，管理层次就少一些。

②专业化程度。企业组织结构的专业化程度指的是企业各职能工作分工的精细程度。如果专业化程度高，每个员工只需要从事组织工作很小的一部分，如果专业化程度低，员工从事工作的范围就较广。

③集权程度。企业的集权化是指有权做出决策的层级集中程度。如果企业的经营决策和管理权集中在高层管理人员手中，就表明组织的集权程度很高，反之，若把其中相当大的部分放给较低的管理层次，则集权程度就很低，或者说分权程度高。

④规范化程度。企业的规范化程度是指对组织中各种行为进行规范的程度，可以用组织中书面文件的数量来衡量，这些书面文件包括工作程序、工作描述、规章和政策等，用来描述组织的行为和活动。大型企业一般比小型的家族企业有更多的书面文件来对员工的各种活动和操作进行规范，因而认为大型企业规范性较强，而小型家族企业则几乎不存在书面规章，一般被认为是非规范化的。

⑤标准化程度。企业组织的标准化程度是指组织中相类似的工作活动以统一的方式来执行的程度。不仅机器生产作业可以标准化，各项管理业务，一些日常事务性工作也可以实现标准化。

⑥职业化程度。企业组织的职业化程度指的是企业员工为完成本职工作所需接受正规教育和职业培训的程度。如果员工需要较长时间的训练才能掌握工作内容，就可以认为该组织具有较高的职业化程度。职业化程度一般用员工的平均受教育年限或职业培训时间的长短来表示。

⑦人员结构。企业组织的人员结构指各部门人员、各职能人员在企业员

工总数中所占比例的情况。它由管理人员比率、技术人员比率、基本员工比率、辅助员工比率等来表示，人员比率则用各类人员除以组织人员总数来衡量。

三、企业组织结构的关联性因素

组织的特征因素描述的是企业组织结构自身的内部特征，关联性因素则指的是对组织结构的形成有重大影响的与组织结构相关的外部条件和环境。正确把握这些因素，也是科学地进行组织设计的前提条件。这些因素包括以下几方面。

①企业环境。正如企业环境对人力资源战略的制定会产生重大影响一样，企业所处的环境，包括行业特点、市场特点、消费者群体、供应状况、政府政策等都会对企业的组织设计产生影响。这些因素主要从环境的复杂性和稳定性两个方面影响组织结构的设计，环境因素越是复杂多变，组织设计就越要强调适应性，采取多种对策消除环境对企业的不利影响。

②企业战略。企业组织结构是执行企业经营战略的重要工具，企业战略决定着企业的组织结构。相较于实施单一产品经营战略的企业，实施多种经营战略的企业在组织结构上会采取相对分权的结构。

③企业技术。这里的技术不仅指企业的设备和生产工艺，还包括企业职工的知识和技能。这些技术对组织结构的设计也有广泛的影响，如制造性企业的组织结构与商业企业的组织结构就显然具有不同的特点。

④企业规模。企业的规模大小是影响企业组织结构的一个基本因素，它对组织结构的所有特征因素几乎都有影响，特别是企业的专业化程度、管理层次、集权程度等因素。

⑤企业的生命周期。企业在发展过程中一般都要经历创业期、成长期、发展期、成熟期等阶段，在不同的阶段，企业所面临的主要矛盾和问题也不一样，组织设计的任务也就不一样。例如，企业在初创阶段，往往面临机构不稳定、职责不明确、规章制度不健全等问题，而许多历史悠久的企业，则常会有机构设置陈旧、制度僵化、缺乏创新等问题。面对不同的问题，企业就应该用不同的方法去解决。

第二节　企业组织结构设计

一、确定组织要完成的工作内容

组织结构设计首先需要明确的就是组织存在的目的，即它要完成哪些任务，需要做哪些工作。不仅组织整体的任务需要明确，同时需要确定的还有组织应设立哪些部门来分别完成哪些工作任务。工作任务的确定首先要根据企业所处的行业、面临的外部环境、企业具备的技术水平及企业规模等因素进行综合考虑。每个企业的具体条件不同，工作任务的设计也不可能千篇一律。

一般来说，行业对工作内容的影响很大，相同的行业，其工作内容大致也是相似的，如大型的银行企业，其基本工作大致包括审计、企业研究、法律、营业、总务、人事、公共关系等几个方面，百货公司的基本工作则大致包括会计、商品销售、人事、推销、总务、运输、送货等方面。当然具体到每个企业，还要根据其他方面的条件对工作任务有所取舍，增加、取消、细化、强化或简化某些工作。有时为了实现企业的目标，企业还会确定一些专门的企业认为有价值的工作任务，并设计相应部门的工作任务或设立相应的部门，如一个大型的玻璃纤维集团曾在某一地区专门设立一个负责企业成长的职位，后来还成立了一个部门叫作成长部。

二、确定各个部门间的联系方式

部门和雇员之间的联系既包括上下级之间的纵向联系，也包括相关部门之间的横向联系。进行组织设计时应考虑使各部门和雇员之间的沟通尽量便捷，有助于组织整体任务目标的实现。

（一）纵向联系

在处理纵向联系，即企业上层与下层之间的联系时，较低层级的雇员应依据上层管制者制定的目标进行工作，上层管理者则应该了解下层的工作活动和完成情况。组织实现纵向联系的结构策略包括层级处理、规则和计划、增加层级，以及完善纵向信息系统。

1.层级处理

第一种纵向信息联系的方式是指规定明确的层级，使其形成命令链。如果出现了一个下级雇员无法处理的问题，可以将其提交给上一个层级，上层提出解决办法后，再传给下一层级。

2. 规则和计划

企业中有些问题是经常反复出现的，企业在组织设计时可考虑建立一些正式的规则或程序，使雇员在不能与其管理者直接沟通时知道应该如何应对和解决存在的问题。规则提供了一种标准的信息资源，使雇员能够直接协调工作而不需要对每项工作都进行实际的沟通。有些计划，如预算，也可以给雇员提供很多确定的信息，使较低层级的雇员可以独立开展工作。

3. 增加层级

企业中有时会出现多种新问题，尤其是在成长较快或变化较大的组织中，仅仅运用已有的层级和规则，管理者会难以应付。有些情况下，可以增加一两个助手，以减少管理者的负担，有些情况下，则可以在原有的上下级之间再增加一些层级或职位，可以减小管理的跨度，鼓励进一步的沟通和控制。

4. 完善纵向信息系统

针对不断增长的纵向信息容量，完善纵向信息系统正越来越成为沟通上下级之间联系的有效手段。纵向信息系统包括分送给管理者的定期报告、书面信息以及以计算机为基础的沟通方式。例如，现在许多企业的高级执行官都定期通过电子邮件与各层级的雇员进行交流。

（二）横向联系

组织内的横向联系主要是为了消除部门与部门之间的障碍，使员工更加注重相互之间的合作，从而更好地实现组织的目标。横向沟通的策略主要有以下几种。

①直接联系。直接联系可以被看作是一种较高级别的直接联系方式，出现问题后，相关部门的管理者和员工可以进行直接的沟通。例如，制造企业的工程部门和制造部门之间就需要经常联系，因为工程部门要改进和测试产品必须适应企业有限的生产设备条件。鼓励直接联系的一种重要途径是设立一个联络员，联络员位于一个部门之内，但他的任务是负责与其他部门进行沟通和协调。

②任务组。直接联系和联络员通常只联系两个部门，当企业需要多个部门共同协调或做出决策时，就需要一种更为复杂的手段——任务组。任务组是由于某个问题的出现而由不同部门的代表共同组成的临时委员会。每个成员代表本部门的利益并负责将任务组的信息传回本部门。对于临时任务而言，任务组是一种非常有效的横向联系方式，通过直接的横向协调使问题得到解决，减少了纵向层级之间的信息负载量。有些行业经常需要建立这样的任务

组来解决问题，如图书出版商就经常需要组建临时的项目组来协调特定书籍的编辑、出版、广告和分销等工作。

③专职整合员。企业可以单纯为了协调工作设立一个专门的职位或部门，这也是一种强有力的横向联系手段。专职整合员不属于任何部门，不需要对参与合作的某个职能部门负责，只负责多个部门之间的协调。很多公司中设立的品牌经理就是专职整合员的典型例子，如在通用汽车公司，品牌经理负责每一种新车型的市场和营销战略。

专职整合员也可以负责创新或改造项目，如负责一种新产品的设计开发、筹资和营销活动等。这种专职整合员一般被称为项目经理。在设计新产品时，项目经理可以指派一个财务会计师跟踪成本和预算情况；工程方面的成员提出产品设计建议；负责采购和生产的成员分别在其各自领域行使职能；项目经理对整个产品开发项目负责，监督新产品准时完工，将其导入市场，并实现其他相关目标。

专职整合员一般对项目组成员工具有雇用、解雇、加薪等正式权力，正式权力取决于职能部门的管理者。因此专职整合员通常都需要有出色的交际能力，把人们组织起来，获得人们的信任，并从组织利益出发来解决冲突和分歧。

④团队。当企业需要在一段较长时间内固定地协调某些部门之间的活动时，往往通过成立跨职能的团队来解决。例如，在组织进行重要革新或开设一条新生产线的时候，可能就会使用特殊的项目团队。

⑤信息系统。现代组织实现横向联系的一个重要手段就是应用跨职能的信息系统。已经出现的计算机信息系统可以使企业每一个角落的每一个管理者与一线人员就企业的问题、机会、活动等进行信息交流。比如，一家探测和制造公司在重新设计了计算机信息系统后，促进了该公司在世界范围内的地理学家、地质学家、生产工程师和正式管理人员之间跨职能的信息沟通。

三、确定各部门之间的组合方法

组织中的各个部门只有通过一定方式有机组合在一起，才能够发挥最大的效能，有效实现组织的最终目标。不同的部门组合方式对企业和员工会有不同的影响，因为在不同的部门，员工考虑问题的角度不一样，行为方式也会有所差别，所取得效果当然也会不同。员工部门组合的方法有职能组合、事业部组合、区域性组合和多元组合。

①职能组合。职能组合指的是将一些执行相似职能和工作过程或提供相似知识和技能的人员组合起来。比如，所有的市场营销人员一般都是在一个

管理者的领导下工作的，所有的生产人员也是如此。

②事业部组合。事业部组合是指把相关人员围绕公司的产品组合起来。例如，某日化企业将生产牙膏所需要的所有人员，包括研制、市场、生产和销售人员组合在同一个管理者之下。

③区域性组合。区域性组合指的是将组织中的人员等资源组合起来为某一特定区域的顾客提供服务。比如，某美国企业可以把为中国或者亚洲地区提供服务的人员组合到一起。

④多元组合。多元组合又称多重组合，指一个组织同时拥有两种或两种以上的结构组合方式。一个组织可能同时需要根据产品和职能或根据产品和地区来进行组合。

不同的工作内容、不同的联系方式、不同的部门组合方法，形成千差万别的组织结构形式。不过在所有的组织结构形式中，人们总结出了一些最基本的模式，它们具有一些典型的结构特征，分别适合于不同条件下的各种组织。其他具体的组织结构大都是由这些基本模式演化而来的。

第三节　企业组织制度的分类及设计

组织结构的设计除了包括组织框架结构的设计之外，还要包括组织制度的设计。制度不能离开结构而单独存在，同时制度又是组织结构得以顺利运行的基础，因此组织制度也是组织结构设计的重要组成部分。

企业的组织制度是企业中各种条例、规章、办法、标准等的总称，通常以文字的形式规定企业活动的各项内容、程序和方法，是企业中各类人员行动的规范和准则。在企业中，制度的作用是不言而喻的，只有所有员工依据一定的制度规范自己的行为，整个企业才能有效运转，生产出市场需要的产品并将其销售出去，以获得生存。如果没有制度，企业的各种行为没有规范，每个人都按自己的理解在企业中做事，企业的运行肯定会一团糟。

一、企业组织制度的分类

企业的组织制度包括很多方面的内容，按性质来分，大致可分为管理制度与企业标准两大类，其中每一类又有许多具体内容。

（一）管理制度

管理制度主要规定各管理部门、各岗位以及各项业务的职能范围、应负责任、拥有的权限以及各项业务的工作程序和工作方法，即规定做什么和怎样做的问题。这类制度根据其设计的范围大小及规定的详细程度，又可分为不同层次和级别的管理制度。

管理制度的一般内容包括：某项工作在企业生产经营活动中的地位、作用；该项工作应遵循的基本指导思想和原则；该项工作所用的依据、资料和信息来源；该项工作的业务活动范围和工作内容；该项工作的工作步骤、工作方法和工作手段；该项工作涉及的岗位和部门；该项工作与其他部门之间的关系及联系方式等。所有这些内容回答了该项工作应当做什么，依据什么去做，怎样做以及做到什么程度。

（二）企业标准

企业标准是对企业生产经营活动应达到的技术、经济、管理水平所做的规定和考核的依据，包括技术标准、技术规程和管理标准。

技术标准是指对企业产品、服务和工程施工在质量、技术、规格等方面所做的规定。根据技术标准，企业生产的产品或提供的服务必须达到事先规定的质量水平、技术指标和相应的规格。只有制定了详细的标准，企业生产的产品或提供的服务所需达到的水平才有了参考的依据，才能保证产品或服务达到令客户满意的质量。

技术规程指的是对产品设计、生产操作、设备的维修与使用、安全技术等方面所做的规定，是有关程序和方法的标准。管理标准则是对各项管理工作所做的各种详细规定，即对每一项管理工作的程序和工作内容提出质量要求，并将其制定为标准。有了技术规程和管理标准，企业中的每一个工作程序和工作内容就都有了遵循和执行的依据。

二、企业组织制度的设计

组织制度的设计与组织框架结构的设计有着同样重要的地位，并且同样是一件比较复杂的工作。在组织制度设计的过程中，企业应遵循以下一些主要原则。

①实事求是。实事求是的态度是做好一切事务的基础，企业需要制定什么规范以及要达到哪种水平，一定要依据企业的实际情况来决定，不能简单地从同类企业那里照搬经验。只有制定符合客观规律和本企业实际情况的制度，企业的经营和管理才能取得良好的效果。

②充分听取各方面的意见。组织制度是企业要求全体员工共同执行的，因此必须反映大家的意志，只有这样，才能让员工自觉地遵守和执行。

③坚持职务、责任、权限、利益相统一的原则。企业中各项任务执行者

的职务、责任、权利、利益是密不可分的。职务是前提，责任是核心，权力是条件，利益是动力，这四项必须相互一致，才能使制度达到预期的效果。

④坚持系统、全面、统一的原则。各项制度要配套并达到整体优化；凡涉及生产经营管理活动全过程的各项工作、各个岗位，都要有相应的管理制度，做到有章可循；各项管理工作还应该相互协调，达到企业战略目标的要求。

组织制度被制定后，并不是一成不变的，随着生产的发展、技术的更新、管理水平的提高及人们对客观规律认识的深化，企业对管理制度也需要不断地进行修改和完善。

第四节　企业组织设计的主要影响因素

一、企业环境对组织设计的影响

企业的外部环境中有多种因素在不同的角度对企业的不同方面起着作用，具体来说，对企业影响较大的外部环境因素有以下几个方面：①行业；②供给方面；③需求方面；④技术；⑤政府；⑥宏观经济形势；⑦社会文化环境；⑧国际环境。

进行组织设计的主要任务之一就是要使组织的内部特征与外部环境相适应，从而使企业更好地生存与发展。企业的外部环境有多种性质，按照不同的标准可以划分为不同的种类，对于组织设计来说，最重要的性质就是环境的不确定性。企业外部环境的不确定性指的是企业的决策者不具有关于环境的非常完备的信息，因而难以预测环境的变化。环境不确定性越大，越会增加企业组织对环境适应失败的风险，并会使企业预测、决策等成本增加。对于环境的不确定性，可以用两个指标来衡量：一是环境的复杂性；二是环境的稳定性。

环境的不确定程度不同，对企业组织结构的要求也不一样。企业在组织结构方面应对环境不确定性的对策有许多，最主要的是以下几种：①增加组织中的部门和职位，增强组织的对外缓冲作用；②对部门之间的差别进行整合和协调；③增加组织的有机性特征；④进行机构模仿；⑤加强计划和预测。

企业组织除尽力适应环境以争取生存与发展之外，也会试图采取某些措施努力减轻或摆脱对环境的依赖。我们知道，组织生存所必需的稀缺和贵重资源都来源于环境，企业若要使自身对环境的依赖最小化，就需要寻求对环境资源进行最大限度的控制。但是，在资源分配格局既定的情况下，企业不

可能无偿地实现对资源的完全控制，在实现对资源进行控制的过程中，需要以各种方式与其他组织进行合作，这又会增加企业对其他组织的依赖性。因此，为了减轻对环境的依赖，企业一方面需要通过合作等方式分享对稀缺资源的控制，另一方面又必须尽可能保持独立性以摆脱对其他组织的依赖，企业在资源方面的目标就是要在自身的独立性与同其他组织的联系中保持一种平衡。

为达成上述目标，企业通常会采取一些措施来控制或改变环境中的一些因素。总结起来，这些措施大致有两种类型：①与环境中的重要因素建立适当的联系，可以通过改变所有权、形成战略联盟、加强合作、聘用经理、利用广告和公共关系来实现。②改变环境，主要包括改变环境领域、参与政治性活动、利用协会和行会的力量、杜绝一切违法活动等。

二、企业战略对组织设计的影响

企业战略决定着组织结构的形式，反过来，组织结构与企业战略适应与否又是决定战略能否顺利实现的重要因素。企业战略对组织设计的影响主要表现在三个方面。

（一）不同战略中心的形成

企业为了自身的生存与发展，需要具备一些最基本的管理职能，如生产、销售、研究开发、财务等。但在不同的企业中，这些职能所处的地位、所起的作用也是不同的，有些职能在一个企业中处于中心位置，在另一个企业中可能就只是辅助职能。由于职能的重要性不同，不同企业就形成了不同类型的组织结构。而职能重要性的高低是由企业的经营战略决定的。

在某些企业中，原料供应和产品的销售都有固定的渠道，生产技术比较成熟，规格型号也不需经常变化，与其他同类企业进行竞争的重点就集中在产品的质量上，因此这类企业往往实施以质取胜的经营战略，质量管理就成为企业关键职能，企业组织也就会形成以质量为中心的结构。这种企业组织通常在最高管理层与各职能部门之间设立一个专门进行质量评价、检查的质量管理部门，其地位比其他职能部门要高，拥有质量否决权。

有些企业由于所处行业的产品更新换代速度较快，企业能否开发出技术先进的新产品往往关系到企业市场开拓的成功与否和市场占有率的高低，关系到企业的兴衰成败。这类企业会实施以新产品、新技术取胜的战略，技术开发就成为企业的关键职能，企业组织就会形成以技术开发为中心的结构。比如，生产电子计算机、精密电子仪器的一些高技术产品的企业就属于这一类。

有些企业，如生产日常消费品、一些简单工具等的企业，产品的技术含量不高，容易被掌握，生产企业数量多，竞争的核心就落在营销手段的完善上。这类企业会把市场营销放到战略高度来看待，市场营销就成为企业的关键职能，企业组织也就形成以营销为中心的结构。

（二）不同的产品经营战略

从经营领域来划分，企业的经营战略可以分为单一产品战略和多种经营战略。不同的经营战略要求不同的组织结构与之相适应。

单一经营战略是指企业的经营范围仅局限于某一行业或某一行业中的某种产品。在企业规模较小或产品属于上游产业，生产技术难以跨行业应用时，企业一般就会选择单一产品战略。与这种产品相适应的组织结构是简单的职能式结构，主要是由于产品品种单一，对管理结构的要求比较简单，而且这种结构有利于减少人员，降低成本。

多种经营战略指企业的经营领域，包括行业内或跨行业的多种产品。多种经营战略又分为多种情况，其要求的组织结构也不尽相同。

有些企业在生产主要产品时，为了充分利用资源、减少污染等，同时也为了生产经营一些副产品，如机械制造企业利用废料生产一些小商品，有色金属冶炼厂用尾气制取硫酸等，这种类型的企业虽然已不再属于单一产品经营，但与单一产品经营的企业差别不大，副产品所占的比重较小，其所采用的组织结构也与单一产品经营的企业类似，一般为职能式结构。

有些企业为了充分发挥自己在某一领域的技术特长，会横向扩大技术类产品的生产经营范围。比如，家电企业为发挥技术优势，可能同时生产电视机、电冰箱、空调器、热水器等产品；为发挥现有销售渠道的优势，电脑销售企业可能兼营笔记本、电脑桌椅、打印机、扫描仪等产品。这类企业若规模较大，则宜采用混合式结构，即主要的集权职能部门加产品事业部形式。

有的企业为了减少经营风险，维持均衡的投资利润率，会将资金投入到多个期望盈利率高又与各部门相关的产业或部门，这种经营占略称为多角化经营战略，如有的电器企业同时经营旅游业和食品加工业，有的机械制造业兼营房地产业、金融业等。这类企业在组织结构上应实行比较彻底的分权组织结构，建立事业部式结构或采用子公司的形式。

还有些企业实行多种经营的领域是生产技术上有一定关联但行业不同的领域，这种经营战略又称为纵向一体化战略。比如，印染企业发展前向一体化从事服装的生产和销售，造纸企业后向一体化从事木材业和纸浆生产等。

这类企业各经营领域之间的联系比多角化经营紧密，但不如横向一体化企业。其在组织结构上多以混合型为主，也有一些实行事业部式结构。

（三）不同风格的战略思想

美国学者麦尔斯和斯诺根据企业对竞争的认识和处理方式的不同，将战略思想分为保守型、风险型和分析型三种风格。不同的风格所对应的组织结构也有所不同。

保守型的战略思想认为，企业的需求环境较为稳定，因而战略目标应是努力保持并扩大产品的市场份额，在本行业中建立并占领一块属于自己的领地，企业自身则致力于改善内部管理、提高经营效率、降低生产成本，以应付竞争，一旦竞争对手对自己形成一定的威胁，便在产品质量、价格、交货期等方面予以正面反击。采取这种思想的企业在组织结构上强调管理的规范性和严格的等级制度，以严密的控制、统一的行动保证工作的效率，一般会采用机械型的组织结构，以集权的职能式结构为主。

风险型战略思想认为，企业面对的环境复杂多变，企业必须抓住环境中随时可能出现的机会，开发新产品，开拓市场，与保守型思想的稳定和效率相比，这种战略思想具有强烈的进攻性，讲求开拓和创新，在组织设计上为保证企业创新的需要一般采用有机型的组织结构，以分权的事业部式结构为主。

分析型战略思想从风格上介于保守型和风险型之间，并力求将两者的优缺点折中，一方面努力保持已有产品和市场的稳定性，另一方面又不断寻求开发新的产品和市场，为满足战略思想的双重需求，在组织结构的设计上也兼顾两种特点，实行分权与集权、机械型和有机型适当结合的混合式或矩阵式结构。

三、企业技术水平对组织设计的影响

在不同的层次上、从不同的角度分析，企业的技术水平对企业组织结构影响的方式也不一样。

（一）企业级技术对企业组织结构的影响

对企业级技术做出过开创性研究的是英国工业社会学家琼·伍德沃德。伍德沃德指出，企业的目的，即它的产品和市场决定着企业的技术复杂程度，而技术复杂程度类似的企业其组织结构和管理特征也表现出类似的特点。技术复杂程度包括产品制造过程的机械化程度以及制造过程的可预测性，技术复杂程度越高，企业生产过程的机械化程度就高，大多数操作由机器来完成，

可预测性也就较高；相反，技术复杂程度低就表示人的手工操作在生产过程中起很大作用。伍德沃德根据技术复杂程度的高低将企业最初分为十个类型，后来又进一步将其归结为三个基本的技术组群。

组群一是单件小批生产。这类企业一般是接受顾客单独要求的特殊订货，主要依靠手工操作，机械化程度低，顾客的要求就是生产的标准，如特殊的仪器仪表、服装等。

组群二是大批大量生产。这类企业以长期生产标准化零部件为主要特征，产品标准化程度高，产品一般存货量大，以满足顾客的随时需要。装配线、汽车企业、棉纺织企业等就属于这一类。

组群三是连续加工生产。这类企业中整个生产过程都是机械化的，没有间隙，机械化程度和标准化程度比装配线要高。制药厂、石油提炼厂、酿酒厂等属于这一类。

随着从单件生产到连续加工生产技术复杂性的提高，管理层级数目、管理人员占总人数的比例都明显增长，说明生产技术复杂性提高后，管理的强度和管理的复杂性也随之提高。而维护复杂的机器需要更多的间接工人，因此直接劳动与间接劳动的比例随技术的复杂性下降，组织结构的有机形成中间小、两头大的现象是因为大批大量生产条件下，标准化的要求比其他两种类型高，因此规范化程度、集权化程度、沟通方式等的要求也高，有机程度则较其他两种类型低。

伍德沃德之后，新的制造技术有了巨大发展，包括机器人、数控机床、远距离控制等技术不断推出，后来又推出计算机一体化制造技术，将机器人、机器、产品设计、工程分析等都由一台计算机来进行协调，使得现在的企业有了许多根本性的改变，因此伍德沃德的研究就有了很大的局限性。关于新型制造企业，尤其是采用计算机一体化制造技术的企业组织结构问题的研究，目前还没有一致公认的结论，一般认为，这种企业的组织与传统的大量生产技术相比，具有管理跨度窄、层级少、任务有适应性、专业化程度低、分权化、有机性和自我规制等特点。

除了制造业自身的发展外，近年来一些新的行业也不断涌现并发展起来，尤其是服务行业的迅速成长成为经济生活中最重要的现象。服务业与制造业有着迥然不同的技术特点，如生产与消费的同时性、产品的无形性、员工与顾客关系的密切性等，这些都要求企业的组织结构有相应的反应。一般来说，服务型企业规模不大，服务网点分散，对职员的专业要求较高，结构上还具有分权化、规范少、任务界限不严格等特点。

（二）部门级技术对组织结构的影响

部门级技术指的是企业内部不同的部门之间都具有不同的技术特点。美国管理学家查尔斯·佩罗提出的部门技术类型模式有着广泛的影响和适用性。

佩罗依据两个标准对企业的部门技术进行了分类。第一个标准是工作的多样性，即在工作过程中发生意外事件的数量。如果每天的要求都相同，技术的变化较小，则多样性不强，反之，若每天都会遇到大量意外情况，则工作的多样性就较强。第二个标准是工作的可分解性，指的是工作是否可以分解为具体的工作步骤，并有可以参考和遵循的工作方法。若工作中出现的问题不存在现成的技术和程序去准确地告诉人们如何完成，完全依赖于雇员的经验、直觉等来解决，则工作是不可分解的，反之是可分解的。

根据这两个标准，佩罗把部门工作划分为四种类型。

①例行性工作。这类工作变化少，可分解性高，工作规范化、标准化程度高，如汽车装配线上的工人、银行出纳员等。

②技能性工作。这类工作多样性较低，比较固定，但可分解性也低，需要靠员工的经验和直觉等来完成，因此需要员工进行长期的训练来积累经验，如高级工艺品制造、炼钢厂的钢铁混合等。

③工程技术性工作。这类工作变化多，但每种工作都有既定的解决方法和工作程序，从事这类工作的人员一般都具有完备的专业知识和丰富的经验，如工程设计、会计工作等。

④非例行性工作。这类工作具有高度的变化性且工作不易分解，很少能发现可以借鉴的既定的工作程序来解决新出现的问题，高层领导工作、基础研究工作就属于这一类。

一旦部门的技术性质被认定之后，就能够为其确定适当的组织结构。不同的部门技术性质对部门组织结构的影响主要表现在结构的规范化、集权程度、管理跨度、工人的技能水平、沟通方式及结构的有机性等方面。

四、企业规模对组织设计的影响

讨论企业规模与组织结构之间的关系涉及一个重要的概念——官僚制。一般来说，随着组织规模的增大，小规模状态下松散的组织结构会变得不再适应，人员的增多使得信息传递的链条加长，渠道增多，没有一定的规章，有时会使信息传递的过程受阻，从而造成事情的延误，组织效率降低。这时企业往往会随着自身的成长壮大向注重层级制的机械结构转化，即向官僚制转化。大规模的企业和小规模的企业在处理是否建立官僚制结构上存在几个

方面的不同，具体情况如下。

①规范化。企业组织的规范化是指企业正式颁布的规章制度和书面文件的数量。一般来说，大型组织比小型组织具有更高的规范化程度，主要是因为大型组织的员工人数多，管理层次也多，分工细致，部门也比较多，为了便于对员工的工作进行有效控制，使部门之间进行有效协调，需要有标准化的规章制度来规范人们的行为，各种规章和程序必然增多。因此从规范化的角度来看，大规模的企业比小规模的企业更具有官僚制的特征。

②集权化。集权化指的是组织决策权力的层级，若决策主要由高层做出，则集权化程度高，若决策大部分在较低的层级完成，则组织集权化程度较低，即分权化程度高。在完全的官僚制结构中，实行的是严格的高度集权化，即所有的决策都是由组织的最高管理层做出的，而组织的成长却伴随着部门和人员的不断增加，在这种情况下若仍由最高管理层做出所有决策，就会使组织信息量激增，出现信息传递不畅、传递过程慢、容易失真的现象，使决策错误的机会大大增加，而且，还会使组织的高层管理者不堪重负，难以承受。因此，在规模大的企业中，需要实行分权化管理。从这一点上来说，规模越大的企业，官僚制的特征越不明显。

③复杂性。企业组织结构的复杂性一方面指层级数量的多少，即纵向的复杂性，另一方面指的是部门或工种数量的多少，即横向的复杂性。组织规模与企业复杂性之间的关系是显而易见的，大规模的组织需要完成的任务本身就具有复杂性，人员也会大量增加，然而一个部门的规模又不能太大，这就必然产生细分的要求，而在部门增多的基础上，为保持管理的有效性，管理的幅度不应设置的太宽，因而又会使管理层次相应增加。这样，无论在横向的复杂性上，还是在纵向的复杂性上，规模大的企业都比规模小的企业表现出更强的特征。

④专业化。企业组织结构的专业化程度指的是企业各职能工作分工的精细程度。如果专业化程度高，每个员工只需要从事组织工作很小的一部分，如果专业化程度低，员工从事工作的范围也就较广。细致的劳动分工和专业化是官僚制结构的一个重要特征。人们发现，一般规模较小的企业专业化程度都较低，由于规模小，每一种类工作的任务量相对就少得多，往往一个人可以承担多种工作，工作范围较广；与之相反，规模大的企业中每一种工作任务量都比较繁重，有时甚至一种工作需要多个人来承担，因此每个人负责的工作范围就较窄，专业化程度较高，官僚制特征也就较为明显。

⑤人员结构。企业规模影响组织结构的另一个方面是企业各种人员的构成比率，如管理人员、专业人员、办事人员和直接生产工人等。在企业中，

专业人员和办事人员的比率一般是随着规模的增大而增大的。专业人员比率的增大与大规模组织的专业化有着直接的联系，专业化程度的提高既要求专业部门的增多，也要求专业人员数量的增加，办事人员的比率增大则是由于大型组织沟通量的增大和书面工作的增多。

五、企业生命周期对组织设计的影响

对于企业生命周期应分为几个阶段，以及如何划分，学者们也是见仁见智，比较著名的有美国哈佛大学葛瑞纳教授的"五阶段论"，以及美国的奎因和卡梅隆的"四阶段论"。其中后者的适用范围更为普遍。

奎因和卡梅隆认为，企业的发展可分为四个主要阶段，在每一个阶段上，企业都有与之相应的组织结构形式。在这种形式下，企业可以稳步成长，成长到一定程度，这个阶段固有的危机便开始逐步显现出来，原有的组织结构也已不再适应企业继续发展的需要，这时企业需要用新的结构、新的规章制度来继续促进企业的成长。当企业完成了组织结构的转换，原有的危机得到了解决，企业就又进入了一个新的发展阶段。具体过程如下。

（一）创业阶段

企业在初创时期，一般注重的是能够推出一种或几种能在市场出售的产品，并逐步增加客户，在市场上站稳脚跟。这一时期企业普遍具有的特点为：组织的创立者往往自己就是某种技术的拥有者，他们几乎将所有的精力都集中在产品生产和市场销售上，而不是放在企业的管理上，工作时间长而不固定；企业人数少，规模小，一般没有规范化的正式的组织结构，分工较粗，员工之间的交流频繁，多采用非正式的方式进行交流；对企业内部活动的控制，往往由企业主个人决策和监督。

在这一阶段，如果企业的产品受到市场的欢迎，它就会顺利地发展起来，生产规模不断扩大，人数也不断增多。随着企业的成长，领导者开始面临一些新的问题需要解决，如人数增多带来的协调问题，产量增加带来的效率问题，财务方面也需要建立正规的会计程序等。所有这些管理问题如果都仍由领导者一人承担，已经无法维持，不仅领导者精力不够，而且一般技术类的创业者对管理活动也并不熟悉或者根本就没有兴趣。这时企业就面临着缺乏领导的危机。在这种危机出现的时候，企业必须找到更适合做管理工作的领导者并适当调整组织结构，以保证企业的下一步成长。

（二）集体化阶段

当企业解决了领导危机，初步建立了较为正式的组织结构，企业的发展

就进入了下一个阶段——集体化阶段。在这一阶段，企业有了按职能分工的组织结构和一些主要的管理制度，员工之间基本上有了较明确的职务和分工，一些工作标准也被逐步建立起来；员工之间的沟通和协调开始采取一些较为正式的书面形式；企业的决策权、控制权集中掌握在经理或最高层管理人员手中，中下层管理者只能执行命令，行使监督权，没有自主权力。

在集体化阶段，企业刚刚解决了领导危机的时候，会有一段时间的稳定发展，但随着企业的继续壮大，新的矛盾又会表现出来，出现所谓的自主权危机。这主要是指当企业的规模进一步扩大、产品品种越来越多、组织结构进一步复杂化时，企业的一些中层领导开始感到过分的集权对他们的工作造成了很多限制。因为在企业中，往往是他们在长期的实践中最了解生产和市场的各种变化，如果给他们一些自主权力，企业对各种变化的反应会更迅速、更正确。此时，如果高层管理者不愿意适当地下放权力，就会产生自主权危机。而解决这个问题的途径就是进行分权，并在分权后加强企业的正规化管理，寻求更合适的协调和控制方式。

（三）规范化阶段

在全面解决了自主权危机的基础上，企业进一步建立完全正规化的组织结构，就进入了一个更新的阶段——规范化阶段。在这一阶段，企业开始实行分权制的结构，日常事务的决定权力下放到了较低的管理层次，最高层管理者则只负责制定企业的经营战略，决定重大的生产、财务、人事决策，以及处理企业的例外事务等；组织的专业化、正规化程度更高，各种制度、规章进一步健全并得被严格执行；企业中通过书面进行正式沟通方式被普遍采用。

在规范化的组织结构刚刚形成的时候，员工们都拥有了自己明确的任务和相应的权力、责任，各方面的浪费、掣肘现象少了，企业会有一段较长时间的稳定发展。不过在经过一段时间之后，企业又会出现新的问题，即文牍主义危机。这主要是指，随着规范化程度的不断提高，企业中的制度、规范、报表等书面文件会越来越多，过多的书面文件不仅使企业中的沟通和协调变得越发烦琐，管理结构僵化，企业的创新能力和适应性下降，而且会造成企业中的官僚习气，各层管理者不喜欢被约束，沟通变得更加困难，从而使企业陷入僵化的境地。这时企业不再适于用规范的方式来进行管理。解决这个危机要靠在企业中建立一种协作和团队的意识，实行具有有机特点的结构。

（四）精细阶段

企业在解决了文牍主义危机后，就进入了精细阶段。这一阶段企业组织的特点包括：企业中强调合作和配合，经常为了完成某个任务将相关的人员组合在一起成为一个小组，在出现问题的时候通常会考虑通过小组的集体活动来解决；企业会经常举行主要管理者的会议，协商企业的重大问题；有时组织会进行细分，分解成小的独立团体来保持必要的活力和适应性。在这个阶段，企业组织结构随规模的扩大向官僚制方向的发展已走到了极致，企业的管理人员意识到文牍主义的缺点后也开始学习如何使规范更有效率，而不是一味地追求组织的规范化，他们会有意识地简化一些规范制度，或用更灵活的方式来替代它们，以使组织的运行更有效率。

企业发展到精细阶段应该说已经到了成熟阶段，成熟后的企业有可能在经历一段时间的稳定发展后进入停滞期或衰退期。正如机器用久了某些零件会需要更换一样，此时的企业为了进一步发展可能会在很多方面面临更新的需要，而且这些更新还可能是周期性的，如产品、技术、经营理念、企业文化等，有时企业会通过重组、购并、分拆等来实现，甚至企业的领导人在这个阶段也经常被更换。通过每一次创新，企业有可能重新获得成长的动力和活力，这时企业必须勇敢地面对这些问题并及时予以处理和解决，否则企业就可能陷入长期的衰退之中。

第六章　企业人力资源管理的要素及优化策略

第一节　企业人力资源管理规划的理论及执行策略

人力资源规划是组织发展战略的重要组成部分，是实现组织战略目标的重要保证。人力资源最为显著的特点就是将员工看作企业的重要资源，这样才能在实现组织目标的同时，满足他们的物质需求和精神需求，才能调动他们的积极性和创造性，实现企业的长远发展。

一、企业人力资源管理规划的相关理论阐述

所有有效的人力资源规划都拥有一些共同的特征，包括三个方面的内容，即环境分析、员工需求和供给预测、人力资源规划措施。

（一）环境分析

人力资源规划的第一个阶段是搞清楚人力资源管理和战略规划到底在什么样的环境下制定。战略规划必须要同环境相适应，而人力资源管理则是组织在此适应过程中能够利用的卓有成效的工具之一。比如，环境中快速变化的技术迫使组织雇用拥有以前并不为组织所需要的技能的员工。如果缺乏一套有效的人力资源规划来支持组织的员工雇用和筛选，组织就难以保持有竞争力的地位。

伴随着环境的快速变化，一系列前所未有的问题也接踵而至，组织的信息捕捉能力将在更大程度上决定组织的成功。事实上，信息捕捉能力已经成为现代管理最为关键的战略技能。

（二）员工需求和供给预测

人力资源的需求和供给情况是人力资源规划的一个重要组成部分。在人力资源规划的过程中必须对此有详细的说明。

（三）人力资源规划措施

在人力资源规划系统中对未来员工的供给和需求都做了分析之后，应该就如何行动进行决策了。只要在供给和需求之间存在差异，组织就应该采取措施来减少这种差异。

1. 员工短缺的应对措施

当人力资源部门在对员工的供给和需求做了分析之后，如果发现供给是小于需求的，那么对于组织而言就存在若干种可能性。如果这种短缺不严重，而且现有员工愿意加班工作，那么现有的员工供给完全是足够的。如果短缺的是那些有特殊技术的员工，那么就可以对现有的员工进行培训，招聘一些新的员工，或者返聘一些以前的员工，等等。

日趋残酷的国际竞争、快速发展的技术变化和劳动力不足造成的恐慌都促使大量组织增加对临时员工、外包员工以及自由职业者的使用。尽管在美国类似的"机动性员工"数量近年来有少许下降，但是他们仍然是劳动力队伍中相当重要的一部分。使用"机动性员工"能够使得组织在处理员工短缺的过程中保持更大的灵活性，而如果雇用传统的正式员工，则没有这么幸运。

2. 员工过剩的应对措施

当对员工的供给和需求进行比较之后，我们发现存在员工过剩的现象，那么可以采取的措施包括裁员、提早退休、降职以及终止合同等。员工过剩的应对措施让管理者于心不忍，因为过剩现象往往不是由那些被认为"过剩"的员工所造成的。原材料短缺或者产品市场销路不好等都会让组织拥有过多的员工。

许多组织倾向于采取提早退休、创造额外工作机会等方式来避免直接裁员。一些组织干脆不对那些人员离职或者退休的岗位进行补充，从而减少员工数量。有时候可以通过鼓励即将达到退休年龄的员工提早退休来实施裁员计划，但是如果提早退休的员工不能得到妥善安排的话，可能会产生很多意想不到的弊病。首先，统计资料显示那些年龄超过50岁的员工可能更健康、更不容易有工伤，而且更加不愿意改变工作。另外，大量老员工退休可能导致熟练工人的不足，从而有损组织在市场上的竞争地位。因此，如果缺乏适当的计划和策略，组织就可能失去其最宝贵的员工。其次，到2020年，我国劳动人口数量将会达到峰值，这意味着我国将会有越来越多的人口因为年龄受到《中华人民共和国劳动合同法》的保护。最后，切忌许下没法兑现的承诺。企业一旦许下了福利方面的承诺，那么如果得不到先前退休员工的同意，任何对承诺的改变都是非法的。如果以上这些措施都无法奏效，那么组织就可能被迫裁员。

二、企业人力资源规划的执行策略

（一）构建人力资源信息系统

人力资源信息系统要求对组织中的信息流进行整体性的获取、储存、分析和控制。高度发达的人力资源信息系统可以在几乎一切人力资源管理职能中发挥作用，而且可以极大地提高人力资源管理活动的效率。这个系统包括追踪求职者的程序、技能清单、职业规划项目以及员工服务项目，如电子布告栏等，它的应用范围几乎是无限的。人力资源信息系统的一个广泛应用是招聘和追踪求职者。

目前，在所有企业中主要有三种类型的人力资源信息系统。一种是苹果电脑公司运用的让所有员工使用的人力资源信息系统，另一种是仅仅服务于某一个职能部门的人力资源信息系统，还有一种是专门为高层管理者服务的人力资源信息系统，也叫作管理者信息系统。引入人力资源信息系统可以让组织扩展其人员置换规划的视角。继任安排绝对不仅仅是简单地将特定职位的潜在接替人记录在案。许多专家认为直接指定特定职位的候选人是没有效果的，因为企业的环境变化太快了。目前，继任安排已经被认为是综合性职业规划项目的组成部分，而人力资源信息系统可以在其中扮演非常重要的角色。

（二）员工隐私和人力资源信息系统

人力资源信息系统将大大提高人力资源规划的效率。但是，这些电脑系统被引入之后，也带来了一些问题。其中最值得关注的就是人力资源信息系统使得侵犯员工的隐私变得容易了。这个系统的界面越友好，未经许可的进入就越有可能导致私人信息的泄露。

失窃的员工信息可能会被偷窃者用来进行非法活动。所谓非法行为，如身份盗窃，就是指窃取者在某人不知情的情况下窃取其姓名、住址、身份证号或其他信息做出诈骗等犯罪行为。窃取者经常会选择缺乏防范意识的公司，侵入其系统后快速下载个人文件、薪水册、纳税记录、福利等信息。窃取者利用这些个人信息做出下面这些犯罪行为：用别人的借记卡或信用卡娱乐消费；用别人的名字办理新卡并进行高端消费、借高利贷、开支票等。

尽管不可能让组织来保证员工的私人信息不被其他人窥探，但是仍可以采取一些防护措施来降低这种风险。

当组织在开发人力资源信息系统的时候，员工的权利也应该得到保护。

人力资源信息系统会将员工的私人信息进行传播。由于存在这种潜在的滥用，组织应该仔细评估其关于信息披露的政策。组织还应该从法律和伦理的角度来决定多少信息可以向员工公开。尽管在美国目前还没有相关的联邦法律来保证员工拥有检查和修改人力资源信息系统中数据的权利，但有一些州已经制定了类似的法律。而在我国，这方面的法律尝试正处于起步阶段。最后，组织应该决定员工在私人信息公开方面拥有多大的控制权。一些相关的研究表明，当员工本人不拥有信息披露方面的权限时，对人力资源信息系统中的信息进行披露可能会侵害员工的隐私。因此，组织必须努力在保护员工隐私和建立界面友好的人力资源信息系统之间求得平衡。

（三）互联网及新媒体对人力资源管理的渗透

1. 人才吸纳更广泛

互联网与新媒体的发展使得企业招聘信息的发布不再受地域、媒介的限制，招聘信息得以更快捷地公开传播，大大拓宽了企业的招聘渠道。目前，越来越多的企业和人力资源管理者都选择通过官方账号在微博、微信等社交媒体上发布招聘信息，甚至有超越使用传统招聘网站之势。

互联网带来的大数据效应也为人力资源管理者提供了更高效的求职者信息获取方式。例如，在全球较大的职业社交网站领英上，求职者可以便捷地制作、管理、分享在线职业档案，全面展现职场中的自己，为成功求职、开展职业社交提供了极大的便利。招聘官也可以通过这些职业社交网站甚至个人社交网站对求职者的工作履历、执业能力、业界人脉等有更全面客观的认知，从而大大降低人岗需求之间的匹配误差。

2. 人才管理更精准

随着互联网的发展，数据分析工具与数据挖掘渠道较之以往日益丰富与多样化。谷歌的无人驾驶技术、苹果公司推出的智能语音助手就是收集大量数据并做出解析、理出方程式之后的产物。在人力资源管理系统中涉及大量的基础数据和过程数据，涵盖员工从招聘到离职的全用工周期的数据。如何有效地确定这些数据之间的逻辑关系，需要用到大数据工具。对所有的数据进行细分并量化，然后通过不同的方式组合，就能得出我们所要的数据。这些数据有利于人力资源的开发，并为单位管理采取具体行动提供必要的支持。在人力资源管理中，数据化作用于各种考核与激励要素数据库的建立及分析。

3. 办公和管理流程实现了电子化

目前环境下，大部分企业采用了内部办公系统（OA 系统）、电子邮箱

系统、电子人力资源管理系统（e-HR 系统）、人事档案储存系统以及在线培训系统。劳动过程中管理人员多以电子邮件或 MSN、QQ、视讯会议等即时通信软件发布管理指令，进行工作沟通。E-HR 系统是建立在先进的软件系统和高速、大容量硬件基础上的新型人力资源管理模式，它大大降低了人力资源管理工作的操作成本、通信成本，提升了人力资源管理效率。人事档案、管理资料的电子储存也改进了传统纸质文件在保管和查询方面的不便。归档复杂、共享性差、整理低效率、保密权限难区分等不足，促使人们想办法使整个档案管理工作规范化、自动化、便捷化，提高了企业档案管理和保存的能力和效率。

4. 人才价值体验更深入

在互联网和新媒体的作用下，以微信、微博等社交平台作为媒介，企业、管理者与员工之间能够进行积极的良性互动，沟通不再仅限于朝九晚五，企业和管理者对员工的了解也不再单单通过工作内容，这种情感的双向互动有助于企业、管理者及时了解员工的工作需求和价值诉求，员工的问题与想法也能及时得到反馈与处理，从而提升了员工个体在企业中工作的满意度。良好的组织氛围是企业健康运行的重要指标，保证员工工作体验的满意度也在无形间迫使企业内部的层级架构趋于扁平，从而增强了团队凝聚力和企业向心力。

第二节　企业人力资源培训开发概述及策略

在新时期企业中，核心竞争力的强弱主要由人力资本的状况来决定。由此可以看出，企业要拥有持久的竞争优势，不断加强学习并提升其人力资本是其所必须采用的主要策略。相应地，对于新时期的企业来说，人力资本的重要提升途径就体现在重视现有人力资源的培训与开发上面。企业开展人力资源培训，最根本的目的是不断提高员工的知识技术水平，进一步提升员工综合职业素质，从而使企业能够在日益激烈的市场竞争中形成核心竞争优势，促进企业的可持续发展，最终实现企业的战略目标。因此，对人力资源进行合理的培训，并对其潜力进行持续的开发，充分发挥人力资源的优势，是新时期企业管理中的一个重要任务。

一、企业人力资源培训与开发概述

培训和开发是企业为雇员提供信息、技能培训并加深员工对组织及其目标理解的过程。另外，设计培训和开发系统的目的是帮助员工保持良好绩效，做出积极贡献。上岗引导用于使雇员在开始时能与企业使命、目标和文化相一致。在某些企业中，在培训和开发之前，雇员通过上岗引导来了解组织代表的是什么和他或她被期望从事的工作类型。

上岗引导把新雇员引入组织，介绍给他们新的任务、经理和工作小组。进入新的工作小组通常是一件令人感到孤独和迷惑的事情。新手通常不知道要说什么或对谁说，甚至不知道他被指定的位置。新雇员一开始都是会遇到一些困难的，这只是因为新人不知道什么是被期望的，他们不得不面对一个重要的生活（工作）转变，对未来感到不确定。这些意味着"对新事物的焦虑"是很重要的。新人要花时间来学会事情的做法，但是优秀的上岗引导计划可以使这段时间成为一段确有帮助的经历。上岗引导对于新员工刚开始工作时是很关键的，它能帮助雇员以积极的态度和感觉在正确的方向上开始。

根据新雇员的经验、职业路径和年龄，企业需要安排不同的上岗引导。一个50岁的经理在同一公司内被调动到另一部门的同一工作层次上，他可能只需要被稍微引导一下。然而，一个20岁的技术员从培训学校毕业后开始了他的第一份全职工作，那么他可能需要更为完善的上岗引导。上岗引导的设计应使员工能在特定的企业文化、结构和雇员组合中，更为放松自在地为工作做好知识上的准备。因此，检查雇员的背景在设计合适类型的上岗引导计划时是重要的。

上岗引导能引导、指引并确定雇员熟悉和理解工作、企业、同事和使命；培训能帮助雇员把他们当前的工作做得更好；发展能为个人未来做准备，它集中在学习和个人开发上。

二、现代企业人力资源培训的技术策略

（一）培训计划

1. 决定需求和目标

培训的第一步是确定培训需求和为这些需求设定目标。

需求评估涉及分析组织的需求，工作所需要的知识、技能和能力，个人或固定工作者的需求。组织的需求评估需要对企业的长期和短期目标进行审查。组织的财务、社会、人力资源、成长和市场的目标要与企业员工的才能、结构、氛围、效率相匹配。组织的发展目标是什么，它是否有能力实现目标，这是需要评估的重要问题。通常目标、比率、组织轮廓图、旷工的历史记录、产品的质量、效率和绩效评估是需要仔细回顾的。

企业要仔细地考虑工作需要的知识、技能和能力。任务是什么？表现得

好需要什么技能？什么意味着表现得好？企业必须收集目前雇员、主管、专家的数据，完成需求评估的部分。

企业还必须考虑雇员的需求。企业要询问雇员有关工作的需求和要求他们完成的任务，这可以提供信息和数据。企业以一个标准或与同事的绩效相比较来检查雇员的绩效，可以帮助企业确认优势、劣势和需求。确定某人能否胜任工作是提高企业把员工与其最适合的工作相匹配能力的一个重要步骤。

这些评估，每一种都是重要的。但是，将这些评估集中在个人的需求是尤其重要的。培训是在个体或小组层次上进行的。有四种方法可以确定雇员的培训需求：观察雇员、倾听雇员、向其主管询问雇员的需求和检查雇员面临的问题。本质上，期望的结果和实际结果之间的任何差距都意味着有培训的需求，企业从雇员、主管、经理处征求的建议可以获得一些想法。

2. 挑选培训者和受训者

企业在选择有效率的教师和培训者时要十分注意。在一定程度上，培训计划的成功与否取决于是否有完成培训任务的合适人选。个人特征（如口才好、文笔有说服力、能组织他人的工作、有创造力、有鼓励他人取得更大成就的能力）是挑选培训者需要考虑的重要因素。分析需求和开发培训计划的过程可以由公司培训者完成。向人力资源经理和高层经理做报告的人力资源专家或外部雇用的咨询师也可以完成需求分析和进行培训。

尽管非常正式的培训是由专业的培训者执行的，但是运营主管经常是最好的技术培训者，尤其是当培训经理为他们准备材料时。以运营经理作为培训者有力地回击了"培训在教室中是好的，但是它不能在工作场所起作用或被运用到工作中"这类常见的批评。受过培训的培训者的出现是培训计划能否成功的一个主要因素。

另一个规划因素是对参与计划的受训者的挑选。在一些案例中计划可能被用来培训特定的新雇员，使他们获得某些技能；在另一些案例中，培训计划被用来帮助实现平等雇用目标；在其他案例中，当临时解雇已成必然时，它帮助雇员在其他地方找到更好的工作或者可以用于重新培训老雇员。与雇佣程序相类似的技术可以被用来挑选受训者，尤其是当参加计划的人因此可能被提升或得到更高的薪水时。

（二）培训和开发的形式

在确定需求和目标以及挑选好培训者和受训者后，就要开始执行计划了。这个阶段包括对使用的内容和方法的选择以及实际的培训开发方法。在许多情形下，教学的方法是被综合使用的。

1. 在职培训

使用最广泛的培训方法（正式和非正式的）可能是在职培训。据估计，超过 60% 的培训是在工作中发生的。雇员置身于真实的工作情形中，有经验的雇员或主管会告诉他们工作的诀窍。尽管这个计划看似简单，且成本相对较低，但是如果它没有被合适地处理，成本可能很高——损坏的机器、不满意的顾客、归错档案的表格、没有培训好的工人。为了避免这些问题，企业必须仔细地挑选和培训培训者。受训者应该被安排在背景和个性与之相似的培训者那里。培训者应该受到激励，培训做得好应该有所奖赏。在给受训者培训时，培训者应该使用有效的技术。

免费热线可以帮助企业提高顾客服务水平，可以为顾客投诉或提问题提供简单的途径。一些企业通过对雇员提供在职培训，使他们能够处理投诉和问题。

2. 案例方法

一种广泛使用的技术是案例方法。案例是发生在组织中真实的情形或发生在另一个组织中情形的书面描述。雇员被要求学习案例来确认问题、分析问题并提出解决办法，然后选出最好的解决办法并执行。如果在雇员和培训者之间有互动，那么将有更多的学习活动。培训者在培训中扮演的角色是催化剂和帮助者。一个优秀的教师能够使每个人都参与问题解决的过程。

案例方法对一些种类的培训更有帮助。例如，对于商业政策的分析来说，案例学习比更严格的结构化方法要好。有了优秀的培训者和好的案例，案例方法就成为提高和了解理性决策的有效工具。

培训者在使用案例方法时必须提防：①主导讨论；②允许一些人主导讨论；③把讨论引向他或她偏爱的解决办法。作为催化剂，培训者应该鼓励不同的观点，使经理们在遗漏的点上展开讨论。

案例方法的一个变化是事件方法。在事件方法中，最初仅仅给出问题的轮廓，雇员被分配扮演不同的角色，让学生以某个角色来观察事件。如果学生问了正确的问题，可以得到额外的数据。雇员通过"解决"案例，形成了基于类似解决办法的小组。培训者可以描述案例实际发生了什么和产生了结果，然后各小组用结果来比较他们的解决办法。对于雇员来说，最后一步是把这些知识运用到他们自己工作情形中的一次尝试。

3. 角色扮演

角色扮演是案例方法和态度开发计划的交叉。每个人在情境中（如一个

案例）被分配到一个角色，并被要求扮演这个角色和对其他扮演者做出反应。扮演者被要求假装扮成情境中的焦点人物，并像角色那样对刺激做出反应。提供给扮演者的是有关情境的背景和其他扮演者的信息。通常简单的剧本会提供给参加者。有时角色扮演被制作成录像，并作为开发情形的部分被重新分析。角色扮演适于 12 人左右的小组。这种方法的成功取决于扮演者扮演被分配到角色的能力。如果实施得好，角色扮演可以帮助经理人员更加了解他人的感受，对他人的感受也更加敏感。

4. 管理游戏

在典型的管理游戏计算机程序中，游戏者的团队被要求做出一系列运作（高层管理）决策。例如，在一个游戏中，游戏者对一些事情做出决策，如产品的价格、原材料的购买、生产安排、借款、市场营销和研发费用。当团队中的每个人都做出了决策，就要根据模型计算（人工或计算机）这些决策的相互关系。例如，如果价格与销售量线性相关，价格下降的百分比将根据一般价格水平影响销量。在做出最后决策之前，团队中的游戏者要把个人的决策与团体其他成员的决策相协调，然后将每个团队的决策与其他团队的决策进行比较。团队的利润、市场份额的结果是可以比较的，由此来确定胜者或最佳的团队绩效。

管理玻璃公司是一个管理游戏，它允许个人以经理的身份参与假想的玻璃制造公司的情景模拟，这个公司有 4000 名雇员，年销售额为 2 亿美元。国际商业机器公司（IBM）、美国电话电报公司、孟山都公司和联合碳化物公司的执行官已经使用该游戏为参加者提供了一幅他们管理风格的写照。该游戏由创造性领导力中心所开发，这是一家位于美国北卡罗来纳州格林斯博罗市的非营利智囊团。

用来培训、开发经理人员的另一个管理游戏是西蒙模拟公司，一家虚构的有 30 亿美元年销售额的高科技跨国企业。它是用来培训 IBM 的高层经理有关公司计划过程的。

金融服务产业模拟是第三个游戏，游戏中经理人员要抓住受金融产业的技术变革和政府管制的放松所影响的计划决策。

管理玻璃公司、西蒙模拟公司、金融服务产业模拟是否取得了预期的成效，尚缺乏强有力的证据。一个主要考虑的问题是，对于管理游戏的参与是否意味着经理人员回到工作中能取得更好的绩效。

游戏的优势包括几个相互作用决策的整合、试验决策的能力、决策中反馈机制的提供和利用不充分的数据做出决策的要求，这基本上模拟了现实。

大多数游戏存在令人不安的因素，表现在关于决策制定的新奇性或反应性的缺乏、开发和管理的成本、一些模型的不现实，以及许多参加者寻求赢得游戏的关键而不是集中精力做出好的决策。许多参加者似乎感觉到游戏是被暗中操纵的，因为一些因素甚至单个因素可能是胜利的关键。

5. 行为模仿

提高人际关系技能的一种开发方法就是行为模仿，它也被称为相互作用管理或模仿模型。行为模仿的关键是通过观察或想象来学习，因此模仿时强调观察的"替代"过程。

有一种行为模仿的方法是确认雇员尤其是经理面临的 19 种人际关系问题。典型的问题有作为主管获得接受、处理歧视的抱怨、授权责任、提高出席率、有效的控制、解决变革中的难题、设定绩效目标、激励普通绩效、处理情感情境和采取矫正行动。这个过程有四个步骤：①有效行为的模仿——通常是利用电影；②角色扮演；③社会强化——受训者和培训者表扬有效的角色扮演；④把培训向工作转化。

行为模仿已经被引入一些组织，如博伊西加斯凯德公司、凯撒铝业公司。研究证据一般是积极的，在一系列研究中，经过行为模型培训的小组绩效要好于没有接受或接受传统的管理开发培训的小组。

行为模仿为组织提供了一些有希望的可能性。组织中一个尤为重要的需求是开发有效的领导者。如果与录像方法联合使用，行为模仿将为开发领导力提供希望。参加者可以观察他们的风格、行为、优势和劣势，并从个人的直接看法中学习。看见自己行动的人，可以得到从实践中获益的鲜明提醒。

6. 户外导向计划

案例方法、角色扮演、管理游戏、行为模仿仍然是受人欢迎的，但越来越受欢迎的培训形式是户外或现实的行动导向计划。领导力、团队工作和风险承受是户外导向计划最受欢迎的项目。这种项目在偏僻地区进行，混合了户外技能和教室的研讨会。大多数计划都模仿拓展训练计划，它起源于 20 世纪 60 年代早期。撑筏过河、爬山、夜间搜索、团体竞争、划船比赛、爬绳和问题解决练习是户外导向中受人欢迎的形式。

行动导向练习的一个例子是"拉开线"钢索。一根钢索从在河上的悬崖伸展出去，另外一头在田野中。参加者抓住绳索上的把手，从悬崖上跳出，然后沿着绳索急速下降到田野中，由于害怕，人们通常挣扎、叫喊并抓住绳索不放。

团队工作和信任是户外计划试图达到的目标。这些户外计划会起作用

吗？当参加者回到办公室后，他会变得更具团队导向吗？直到目前为止，几乎没有经过仔细设计的研究能够显示这些计划是有效的。这些计划的流行基于这样的观念：它们似乎充满了动力，参加者喜欢它们，他们参与健康的练习。但是，一些批评质疑组织是否有权派送或鼓励员工参加需要运动能力、户外享受或风险的计划。

7. 非在职培训

有着最大培训计划的组织经常使用非在职培训。对于特定目的，非在职培训技术是最有效的。此外，如果培训要提高解决问题的技能，使用培训的案例方法是比较好的（如让参加者分析与工作有关的案例）。研究显示对于非在职培训，受人欢迎的教学方法有讲座与讨论方法和计算机辅助教学法。

（1）讲座与讨论方法

讲座—讨论方法即培训者做讲座，并使受训者参与对学习材料的讨论。有效的教室陈述用视听教学的帮助补充了讲座的不足，视听教学所使用的工具有黑板、幻灯片、实物模型。这些讲座通常是要录像或录音的。这种方法使得培训者的信息被传播到许多地方，也可以为了满足受训者的需要而经常重复播放。

（2）计算机辅助教学法

每天都有很多企业使用计算机辅助教学来培训雇员。这种培训的优势包括允许受训者以他们自己的节奏学习，让受训者学习他们需要提高的技能。计算机改变了工作者的学习方式，使学习更加具有自发性和更加个性化。一些计算机培训方法得到越来越广泛的使用。

互联网提供了学习、链接资源和在组织内外分享有价值知识的途径。人们可以使用互联网以下面的方式分享培训内容，可以单独使用这些方式，也可以将其与其他教学方法相结合：①电子邮件可用来存储课程材料和分享信息；②公告牌、论坛和新闻组可用来粘贴评论和问题；③互动的个别指导课和一般课程使得受训者可以在线上课；④实时会议把所有参加者都置于同一个虚拟教室中，受训者可以下载文件、指导课和软件。

企业内部局域网是内部专有的电子网络，类似于互联网。通常企业内部局域网传输的是组织为满足特定的学习需求而开发和定制的计划。用来管理讨论邮件清单的程序——讨论组和虚拟学习校园是组织使用企业内部互联网在雇员中分享信息的两种方式。一些企业内部互联网也支持基于光盘驱动器（CD-ROM）的培训。

（三）培训评估

1. 评估标准

培训的评估标准有三类：内部的、外部的和参加者的反应。内部标准与计划内容有直接联系，如雇员是否学到了计划所涉及的事实或指导方针。外部标准更多的是与计划最终目的相联系的，如提高雇员的效率。可能的外部标准包括工作绩效评级，以及销售量的增加或者人员流动率的降低。参加者的反应或主体如何感受到有关具体的培训或开发经历，通常被用作内部标准。

大多数专家认为使用多重标准评估培训更为有效。其他专家相信单一标准，如培训向在职绩效或绩效的其他方面转移的程度，是令人满意的评估方法。目前，有许多企业评估参加者的反应，但是很少有企业评估行为结果。

2. 评估矩阵

指出评估问题的一个有用工具是系统性的评估矩阵。矩阵可以帮助涉及培训和开发计划的人系统性地回顾有关问题。

有关问题——技能的改进、培训和开发的材料、成本和长期效果——通过评估是可以回答的关键问题。但是问题只是提供了所应走的方向，实际的设计和数据收集需要遵循行为科学家所使用的科学方法。在参加者参加了敏感性小组或行为模仿之后，简单地问他们是否喜欢这个计划是非常不科学的。当然，我们中的大多数喜欢新经历、新观念。但是，这并不意味着一个计划在工作中提高了绩效或扩展了人际关系，它就是好的或有益的。最迫切的问题也许是培训中所学的内容能否向工作中转移。另一关键问题是管理层使用什么战略才能有助于学习的内容向工作中转移。

权威人士（通常是涉及培训或开发的级别高于人力资源专家的人士，如人力资源主管或运营副总裁）必须认为培训和开发雇员的培训者是负责任的。人员、费用和设施的有效率运用必须被明确地显示出来。评估无疑是不容易的，但它是培训和开发过程中一个必要又通常被忽略的部分。

总之，已经显示正式的培训和开发要比非正式的或不进行培训和开发要更加有效。但是，对于大多数培训和开发计划，其所取得的效果往往是被假设的而不是被评估的。

三、现代企业核心人力资源培训与开发策略

（一）经理的在职开发

1. 教练和咨询

培训新经理最好和最常用的方法之一是由优秀的经理去教新的经理。教练上司为经理要做什么树立了好榜样。教练上司也回答问题，并解释事情为什么以这样的方式来完成。教练上司有义务与管理培训生进行合适的接触，以使工作内容可以被容易地学习。在某种程度上，教练上司和管理培训生的关系类似雇员培训中的伙伴关系。

上司可以使用的一种技术是与培训生一起召开制定决策的会议。在这些会议中，上司和培训生对程序已经取得一致意见。如果培训生要学习，上司必须给培训生足够的权力做出决策，即使培训生可能犯错误。这种方法不仅为培训生提供了学习的机会，还培养了上司和培训生相互信任的感情。尽管大多数组织把教练和咨询用作正式或非正式的管理开发计划，但是它并不是不存在问题的。当没有留出充足的时间给教练和咨询，下属不被允许犯错误，或者如果产生了竞争或下属的需求不被上司承认和接受，那么教练和咨询就失败了。总之，许多专家坚信只有加上有计划的工作和职能的轮换，教练和咨询才是有效的培训方法。该方法涉及主管，这对成功的管理开发是必不可少的。

2. 短暂的替代经历

管理培训的另一种方法是为受训者提供短暂的替代经历。一旦决定了某个人将被提拔到一个特定的岗位，在提拔前要为其留出一定的预备时间，在这段时间内，被提拔者可以学习新的工作，在完成大多数旧工作的同时，也能完成一些新的工作。这种过渡性安排在不同的组织被贴上不同的标签：助理替角、复合管理或管理学徒。

这种类型计划的主要特征是它使在未来担任某个职务的个人优先熟悉未来的工作。在一定程度上，短暂的经历模拟了未来的工作，是有挑战性的，这给管理开发者提供了非常合理的方法。对这种方法的有效性，人们几乎没有进行任何系统性研究，但是这种方法比教练和咨询要用得少一些。

3. 调动和轮换

调动和轮换是指受训者在不同工作岗位上调动和轮换以丰富管理经验。企业组织通常制订了职业计划，它包括职能和地域上的调动。

调动和轮换的拥护者坚信这种方法拓宽了经理人员的背景，加速了有才干的人的提升，把更多的观点引入了组织，并增强了组织的有效性。但是一些研究证据质疑这些结论，如个体的差异会影响这些结果；在专门的职位上，多面手也可能不是最有佳的管理者。

一般而言，由于在职经历具有实用性，因此在管理开发计划中应该提供在职培训。但是，由于受开发中个体差异和组织薪酬的影响，非在职开发计划应该成作为在职培训的补充。单一的在职计划将导致视野变得狭窄还会抑制新观念的产生。

（二）管理人员的培训

基层主管、中层管理者和高层管理者都可以参加管理培训项目。这些项目通常在专业学院或综合大学的教室中进行，由专业的机构进行授课。培训发展专家经常策划室内的项目，有时也会要求直线经理的加入。相关协会等组织也会在许多专门领域举办学术讨论会。许多专业学院和综合大学拥有一些商业机构所不具备的特长，同样也会提供管理培训。专业学者和培训师的合作能使培训项目更具优势。

辅导和教练活动是管理人员培训中很重要的方法。辅导和教练活动可以正式也可以非正式地进行。

辅导是一种提供建议、提供训练和强调培养的方法，目的是促进个人职业发展和在专业上的进步。它强调如何去激发学生更高一层的潜力，从而使其在职业上取得突破。这里的导师可以是组织内部的任何一个人，也可以是另一企业的某一个人。许多年来，无论男女，辅导一直是他们职业道路上最重要的影响因素。

教练通常被认为类似于导师。教练比学生具有更多的经验和更高的专业技能，而且他有责任给学生提供一些明智的建议。教练活动已经成为培训管理者和执行官的一条非常好的途径。

（三）特殊培训

许多组织也有为管理者和员工而设立的范围较广的培训项目。这些项目通常强调工作中的特定任务以及特定的工作，还有一些项目关注的是与工作相关的关键领域。

①多样性培训。多样性培训旨在提高员工对于少数族裔和女性所面临挑战的敏感性，并努力创造一个更和谐的工作环境。

②远程沟通培训。远程沟通者和他们的主管都需要远程沟通培训。远程培训应该强调有效的沟通策略，这种策略可以使管理者和员工一起确定工作职责，并为工作设定目标和愿景。远程沟通者面临的最大挑战是在没有直接

指导的情况下进行工作。指导者面临的挑战则在于要从对活动的管理转换到对结果的管理上。这种转换对于许多管理者来说是十分困难的，因为他们认为，工人在管理者不在场的情形下就不可能具有很高的生产积极性。

③顾客服务培训。顾客服务培训教授员工掌握所必需的技能以满足和超越顾客期望。其中的沟通技能包括倾听的技能和对不同顾客的需求要做出不同反应的意识。

④企业道德培训。在安然等公司的丑闻被曝光之后，许多企业都非常看重企业道德。它们强调公平竞争和遵守法律，旨在发展一种奖励做出道德行为的公司文化。这种重视有它实际的一面。

⑤团队合作培训。团队合作培训旨在教授员工如何在拥有较大决策权和自主权的团队中工作。这种类型的培训是非常必要的，因为现代企业文化常常培养的是个人的成就，然而组织却越来越需要团队的整体运作。团队建设是一种常用的组织发展干预手段。

⑥冲突解决培训。冲突解决培训旨在开发出一种解决关系僵局的沟通技能。组织中的某些冲突可能是有价值的，它能帮助组织成长和变革，但同时，认识冲突并把冲突转化成一种有利于达到公司目标的动力是非常关键的。

⑦补救培训。补救培训关注的是一些基本的技能，如识字技能和数学技能等。因为很大一部分加入劳工群体的人并没有必备的职业技能来驾驭科技发展带来的新兴职业。据估计，大概有三分之一的新员工在高中毕业后需要通过补救培训去适应他们的工作。

⑧授权培训。授权培训教授员工和团队如何做出决策并为结果负责。它通常和团队培训一起进行。因为企业中的一些团队通常有很大的权力。举例来说，某些工作团队可以自己雇用员工，决定是否为其加薪，并制定工作进程表。

⑨愤怒管理培训。愤怒管理培训项目帮助员工很好地防止家庭和工作上的暴力。这个项目旨在帮助参与者控制愤怒情绪的爆发，并确定和关注愤怒管理中最重要的方面。

第三节　企业聘用体系构建方法

一、企业有效招聘的过程

对企业人力资源部门来讲，如何吸纳有利于企业发展的优秀人才已经成了他们最重要的工作内容。人力资源招聘工作不仅与人力资源部门有关，还对整个企业的管理有重要影响。企业招聘工作的开展决定了企业是否能吸引新的人才加入，影响着企业内的员工流动，也会对人力资源管理费用产生影响，同时招聘也是企业对外宣传的一种途径。

在进行人力资源招聘时，企业应遵循"能岗匹配，双向选择，在高质量基础上的效率优先，竞争、择优、全面"的录用原则。人力资源招聘的主要影响因素包括外部因素、内部因素和个人因素。其中外部因素包括国家的政策法规、社会经济制度和宏观经济形势、传统文化及风俗习惯、外部劳动力市场和竞争对手；内部因素包括企业的经营战略和用人政策、企业自身的形象和条件、企业的招聘预算和职位的性质；个人因素包括求职者的求职动机和强度、招聘者的个人特质。

（一）员工招聘的基本程序

一般来说，企业招聘的基本程序分为几个步骤：确定招聘需求、员工招募、员工甄选、员工录用和招聘评估。

1. 确定招聘需求

确定招聘需求是人力资源招聘的基础工作，要确定的内容包括数量和质量两个方面。确定招聘需求的过程就是明确企业需要招聘的职位类型和招聘人数，这是接下来招聘工作开展的基础。这项工作需要相关人员以人力资源规划和工作分析作为前提和基础，这样才能确定企业需要招聘的职位和人数，才能根据职位要求和特征开展招聘工作。

2. 员工招募

员工招募是指企业通过各种方式方法吸引应聘者前来应聘，再从中选择符合企业基本要求的应聘者等待下一步审核。企业根据职位需求，采用科学适当的招聘方法，通过合适的招聘渠道，吸引应聘者前来应聘，以达到招募人才的目的，这个过程就是员工招募。员工招募可以被理解为是企业通过各种方法吸引应聘者前来应聘。员工招募主要包括两个步骤：发布招聘信息和接待应聘者。企业通过发布信息招募应聘者，通过接待应聘者获取应聘者的相关资料。

3. 员工甄选

员工招募的目的是吸引尽可能多的符合职位基本要求的人才前来应聘，但并不是所有应聘者都适合被吸纳到公司进行工作，这时就要通过科学有效的甄选对前来应聘的人员进行测评和筛选，这个测评、筛选的过程就是员工甄选。企业通过员工甄选可以系统、客观地对应聘者进行评价，测试应聘者

是否具有符合企业要求的专业能力和个人素养，以便从中挑选出最适合企业的人才。

4.员工录用

企业进行员工甄选后，就会进行员工录用工作。员工录用是企业做出录用决定并对录用人员进行员工安置的活动，主要包括做出录用决策，发放录取通知、办理入职手续，员工的初始安置、试用、正式录用等内容。在这个阶段，招聘者和求职者都要做出自己的决策，以便使个人和工作最终相匹配。

5.招聘评估

招聘评估是招聘活动的最后一项工作，企业通过招聘评估审视之前招聘活动出现的问题，对招聘活动的成效做出评估，这种评估有助于企业今后招聘活动的开展，有利于提高企业今后的招聘效率。招聘评估主要包括两个方面：一是进行招聘结果评估，即将招聘计划与实际招聘的结果进行比较，做出分析评价；二是进行招聘效率评估，即对此次招聘的工作效率做出分析评价，以便提高今后的招聘效率。招聘评估是一项重要的工作，它对刚刚完成的招聘工作进行分析评价，发现其中存在的问题，有利于企业对今后的招聘工作进行改进，提高企业的招聘效率，达到更好的招聘效果。

（二）员工的招聘渠道

1.内部招聘

内部招聘是指从企业内部挑选合适的员工填补岗位空缺的活动，岗位空缺可能是已有职位，也可能是新增职位。内部招聘的形式主要有提拔晋升、工作调换、工作轮换和人员重聘等。内部招聘可以采用员工推荐法、公告法和人力资源信息系统三种方法。

企业内部招聘主要分为制订招聘计划、实施内部招聘、员工录用这三个部分。

用人部门根据职位需要向人力资源部门提出招聘申请，人力资源部门制订内部招聘计划，随后进入计划实施阶段：发布招聘信息—收集应聘者信息—审核—确定被录用的人员。

内部招聘在很多方面具有优势，如可以节约招聘成本，节约员工入职培训时间，保持企业内部员工的稳定性，招聘成功率高等。但由于企业内部招聘的选择范围较小，这种招聘形式也会存在一些劣势，如形成企业内部人员的板块结构，导致企业管理人员间不和睦，出现徇私舞弊的现象等，这些都不利于企业的成长和发展。

2. 外部招聘

外部招聘是指企业从外部进行人员招聘填补职位空缺的行为。从外部获取人力资源是企业发展的必然需求，尤其是在企业扩大发展、扩充劳动力的时候。企业在需要大批招聘基础员工、获取现有员工不具备的技术，以及想要获得能够提供新思想并具有不同背景的员工时比较适合采取外部招聘的方式。相比内部招聘，外部招聘需要投入更多的时间和精力，并且伴有较大的决策风险，同时还会对企业内部员工的情绪造成影响。但是，外部应聘人员更可能为企业带来新思想、新方法，有利于推进企业的成长和发展。外部招聘的主要方法有校园招聘、借助中介和网络招聘。

企业进行外部招聘的流程为：通过分析，人力资源部门确定企业招聘的方式，之后获取应聘人信息，经过筛选后通知应聘人进行面试，通过一轮或多轮面试后，企业会向通过面试的应聘者发放录取通知，之后应聘者完成录用程序。

二、科学的甄选和测评方法

在初步甄选中求职者最初提交的信息被用于初步的"粗选"，以判断求职者是否满足工作的基本要求。申请表（包括推荐信）是初步甄选所用的工具。背景核查既可用于初步甄选，也可用于条件甄选，这完全取决于组织的安排。有的组织喜欢先核查背景，有的喜欢在准备雇用之前进行核查。

（一）甄选

①简历筛选。简历筛选的第一步是初步审阅，将不合要求的简历挑出去。简历筛选应该注意以下几点：第一，简历的结构格式是否简洁美观；第二，简历中是否包含了与职位相符的工作经验介绍；第三，简历中是否有介绍重点；第四，简历中是否有前后矛盾的地方，逻辑是否正确。

②证件检验。对于经过筛选简历被留下来的应聘者，人力资源部门要核实他们提供证件的合法性和有效性。现在对于学历证、学位证、英语等级证、职业资格证等专业证书都可以通过相关网站查阅真假，十分方便快捷。但是目前有太多种类的专业资格证书，要一一对其确认真伪费时费力，所以一般情况下，企业只会针对几项企业看重的与职位相关的资格证书进行真伪验证，将其余一些证书作为招聘参考。

③笔试。一般情况下，笔试通常用于初试。企业要求应聘者当场进行笔试，笔试可以以考察应聘者的专业知识水平为目的，也可以以更全面了解应聘者

情况为目的。通过笔试，企业可以更全面地了解应聘者的个人情况。根据测试重点的不同，企业可以了解应聘者的专业知识水平、表达能力、逻辑能力、计算水平和理解力等多方面的情况。笔试是一种简单有效的快速对应聘者进行测评的甄选手段。同时，笔试还在心理测试、行为测试中作为辅助手段。

（二）面试

面试是一种面对面直接交谈的测评方法，招聘人员通过与应聘者的直接交流进一步观察、了解应聘者的情况，进一步印证简历信息是否属实。面试是目前绝大多数企业都会采用的甄选测试方法。面试可以使企业对应聘者进行更细致的考核，企业从应聘者的面试状态可以更好地了解他的综合素质。通过面试，招聘人员可以通过应聘者的精神状态、仪表着装来判断应聘者对待这份工作的认真程度；从谈吐和交流中可以看出应聘者的交流沟通能力和基本个人素质；从应聘者对于招聘人员问题的回答可以看出应聘者的专业知识水平、表达能力和反应能力等。面试可以使企业通过观察了解应聘者很多方面的信息，是甄选过程中非常重要的一环。企业一般都会将面试放在甄选程序中，尤其是在招聘一些重要职位及核心成员的时候。面试效果在一定程度上受到应聘者心理素质的影响，还会受到环境和时间的制约，所以企业面试一般都用于复试和小规模测试。

面试的形式种类众多，有一对一的单独面试，也有多对一的综合面试；有按照固定提纲进行的结构化面试，也有没有固定结构的开放式面试；还有要求应聘者解决实际问题的"情景面试"以及根据应聘者的特定优点，确定他们负责的项目，了解其采取何种行动及行动后果的"能力面试"等。面试的次数根据不同岗位和要求有所不同，但一般情况下，面试次数多为一到两次，但招聘企业核心成员时，则可能需要一系列面试。

（三）心理测试

心理测试是招聘人员通过设计包含一系列标准化的反映人某些心理特征指标的量表，对应聘者进行刺激，通过应聘者的反应来分析判断其智力水平、个性和行为特点的科学选择方法。它具有客观性、规范性和可比较性等优点，通过心理测试进行甄选在一些国家得到较为广泛的应用。但心理测试具有专业性，不是每个人都可以进行的，只有通过专业的心理测试人员或机构来进行，才能达到客观、规范、标准的测试要求。

根据职位和企业的不同要求，可以选择不同类型的心理测试对应聘者进行测试。甄选运用的心理测试主要分为三类：能力测试、人格测试以及兴趣测试。能力测试可以检测应聘者的学习能力和学习倾向，如智力测试、语言能力测试、记忆能力测试、反应速度测试和理解能力测试等。人格测试可以检测应聘者的人格特征，如个性、态度、人生观、价值观等。人格会影响一个人的工作能力和工作效率，尤其是从事与内外联系相关的工作，如企业管理、公关、销售等，人格特质会对个人创造绩效有一定影响。兴趣测试可以检测应聘者的兴趣所在，通过了解应聘者的兴趣点可以看出他与应聘职位的匹配程度，兴趣点与职位有交集有利于员工的职业发展，也有利于企业的成长。

企业进行心理测试应遵循以下原则：①心理测试必须遵循严格的程序；②企业必须保证应聘者个人的隐私安全；③心理测试结果不是唯一标准。

（四）公文处理测评

公文处理是评价中心用得最多的一种测评形式，其使用频率高达81%。在这一过程中，企业先假定应聘者要接替或顶替某管理人员的工作，交给应聘者一系列急须处理的工作文件，其中包括信函、电话记录、电报、报告和备忘录。这些文件来自不同的人员和部门，包括上级和下级、组织内部和外部的各种典型问题和指示。要求应聘者在2至3个小时内将所有工作文件处理完毕。处理完这些工作事物后，应聘者要填写行为问卷，在问卷中说明自己这样处理工作的理由。招聘人员在看过应聘者填写的问卷后，还会对不清楚或想深入了解的地方通过面谈的方式进行了解，随后招聘人员根据应聘者的表现给予评价。

通过公文处理的测试，招聘人员可以看出应聘者对文件的处理是否有序，能否根据文件的来源和轻重缓急来合理地处理公务。根据应聘者不同的处理方式，招聘人员能够判断出应聘者的工作能力，包括组织、计划、分析、判断、决策、分派任务时的能力和对工作环境的理解与敏感程度。根据内容不同，公文处理的形式可以分为三种形式：背景模拟、公文类别处理模拟和处理过程模拟。

（五）小组讨论

小组讨论一般情况下采用无领导式的自由讨论，由招聘人员提出主题或是待解决问题，让小组成员自己讨论解决。招聘人员一般不出现在讨论室，而是通过玻璃洞或电视屏观察讨论情形，主要观察哪个应聘者善于驾驭会议，善于归纳整理意见并得出结论说服他人。

在这种形式中，招聘人员主要靠应聘者的反应进行判断评价：在个人思维方面，观察应聘者是否有自己独到的见解，能否坚持自我发表不同的意见，对自己支持的观点能否坚持到底；在人际能力方面，观察应聘者是否善于缓

解紧张氛围，能否调解意见不合，能否带动全体参会人员讨论的积极性；在个人素质方面，观察应聘者是否善于倾听他人意见，是否尊重他人的发言；同时还要观察应聘者的语言表达能力、问题分析能力、概括总结能力、反应能力等不同方面的能力。

（六）管理游戏

管理游戏也是评价中心常用的方法之一。这种测试方法是将几名应聘者编为一个小组，以小组为单位分配任务，一般情况这种任务都是需要小组人员相互配合才能较好解决的。还可以让几个小组同时进行任务，以比较哪个小组完成得更好，这种竞争的形式可以更好地调动应聘者的积极性，激发其更大潜能。

管理游戏有一些显著优点如下。①它可以突破实际工作情景时间与限制。通过管理游戏的模式可以将在现实工作中很难遇到的事件进行模拟，非常简单方便。②游戏的形式充满趣味性。管理游戏是模拟真实情形展开的，让应聘者可以迅速融入情境中，同时还可以添加竞争性因素来调动参与者的积极性，而且参与者可以立即获得效果反馈。③管理游戏具有认知社会关系的功能，通过进行这项活动，可以简单清晰地让参与者了解组织内部结构和各单位之间的关系，有助于他们在今后的工作中灵活运用通过活动得到的体验。

管理游戏也存在一些不足。①因为这本身是竞争性质的测试，参与者可能会为了获取比赛的胜利而忽略这种学习过程，无法意识到管理游戏的本质是使参与者对管理原理进行学习。②它压抑了被试者的开创性，因为富有开创性精神的经理会在游戏中遭受经济上的惩罚。③管理游戏需要一定的准备工作，对活动空间还有一定要求，操作起来不太方便，同时招聘人员在观察参与者时也不太方便。

（七）背景调查

公司在招聘财务、高管等人员的时候往往需要进行背景调查，以便提高企业招聘时的安全性。同时，为了证实一些应聘者在其他测试中无法识别的品质、价值观及其描述的事件时，也可进行背景调查。

背景调查对象一般是应聘者的朋友，原单位的同事、领导，原单位的人事部门，目的在于了解应聘者的工作表现、性格特征、工作潜力、离职原因及有无违规、违法记录等。

进行背景调查时要注意态度，在时间安排上要以对方的方便优先，在进行调查时不要问评价，直接就具体事件进行核实，同时注意对信息的保密。在调查时，要尽量多找几个调查对象，以确认调查的真实性。

三、企业员工的录用决策

人力资源录用是依据员工甄选的结果做出录用决策并进行安置的活动。录用决策是人力资源录用中重要的一环。在实施录用决策时，招聘人员要根据人员录用原则，综合考虑甄选阶段的多项考核结果，排除主观因素，科学且理性地挑选适合职位的最佳人选。人力资源录用一般包括以下几个步骤。

（一）企业做出录用决策

企业在做出录用决策时，要系统化地对候选人的能力进行综合评估和比较。系统化的评估方法可以避免招聘人员对应聘者做出以偏概全的评价。如果不系统地进行考量，招聘人员可能只关注应聘者的突出特质，从而忽视应聘者其他方面的能力特质。同时，在招聘目标设定时注意合理性，不要把录用目标定得太高，一再地等待"最好的""最优秀的"应聘者出现，可能会错失目前可以录用的人才。

企业招聘的目的应该是吸纳最适合本职位和本企业的人才，而不是最出众、最全面的人才。企业根据不同的职位应该对应聘者有不同的要求，应该有侧重地开展招聘工作。企业要注意，最终候选人数应该多于实际录用人数，以防因为一些变化因素导致最终录用人数不足的情况发生。因为完成录用决策后，还要进行背景调查、健康检查、人员试用，在这个过程中不排除一些候选人不能满足企业要求而不能被最终录用的情况，当然，也可能会出现候选人因自身原因退出招聘过程的情况。

在确定最终录用名单后，企业要及时通知被录用人员。同时，也要向未被录用者进行反馈。很多企业只会通知录用者录用信息，却忽略未录用者。这种做法不利于良好企业形象的树立。在通知未被录用者时，通知人员应该注意措辞，首先要对应聘者表示感谢，其次告诉应聘者未被录用是因为公司目前没有合适的职位可以提供。

（二）被录用者进行身体检查

被录用者进行身体检查可能由企业安排，也可能是自行去正规医院检查并向企业提供体检结果，不同企业所采取的方式有所不同。进行身体检查的目的是确定应聘者的身体状况是否良好，能否胜任此项工作，是否患有传染性疾病等。如果应聘者患有严重疾病或传染性疾病，企业可能会取消应聘者的录取资格。

（三）签订劳动合同

被录用者通过以上各种测评后到企业人力资源部门注册报到，开始进入

试用期。试用合格后，被录用者与企业正式签订劳动合同。劳动合同是企业与员工建立劳动关系的保障。企业在签订劳动合同时，不仅要考虑企业及相关职位的具体情况，还要符合《中华人民共和国劳动法》《中华人民共和国劳动合同法》等法律法规。企业和应聘者双方签字后，合同才能生效。在履行合同的过程中，只要一方出现违背合同的行为，另一方就可以通过法律保障自身利益。

第四节　企业薪酬与福利管理策略

进入经济全球化的时代，企业在人力资源管理领域面临着全新的挑战，尤其是薪酬领域，如何适当地认可和回报员工的贡献是人力资源管理者必须探讨和妥善解决的一个重要问题。

薪酬是一项人力资源管理功能，是员工得到的作为完成组织任务回报的各种类型的奖励。它是 21 世纪初许多组织运营的主要费用，也是大多数人为什么愿意被人雇用的主要原因。薪酬代表一种交换关系，雇员用劳动和忠诚交换经济和非经济的薪酬（工资、福利、服务、认可等）。

经济薪酬包括直接经济薪酬和间接经济薪酬。直接经济薪酬包括雇员收到的周薪、月薪、奖金或佣金形式的薪酬。间接经济薪酬也叫福利，包括所有未包括在直接经济薪酬中的货币薪酬。典型的福利项目包括度假、各种保险、照看小孩或老人的服务等。

从雇员的角度来看，薪酬是生活的必需部分。它也是人们工作的主要原因之一。挣薪酬是员工满足给自己和家人所需的手段。然而，薪酬不只是满足员工的需要。员工的薪酬水平也暗示着其对组织的价值。对于雇主而言，薪酬是最重要的人力资源功能之一。在当今的服务经济中，薪酬经常达到或超过组织 50% 的现金流。提供较高的薪酬也是企业吸引和刺激员工做出更高绩效的主要手段之一。

一、企业员工薪酬体系设计与管理

（一）薪酬体系设计流程

1. 制定薪酬策略目标

制定薪酬策略目标是任何工作都不能缺少的重要组成部分，设计薪酬体系时首先要明确企业的战略目标和价值导向，这也是企业文化的一部分，对许多工作起着重要的指导作用。企业薪酬体系的策略包括对职工人性观、总体价值、管理骨干及高级专业人才的评估等核心价值观，以及由此衍生的有关薪资分配的政策和策略，如薪资等级间差异的大小，薪资及奖励与福利费用的分配比例等。

2. 职位分析与工作评价

职位分析就是对工作进行分析，包括设计组织结构和编写职务说明书两方面内容。工作评价主要用于确定薪酬因素和选择评价方法。这两个方面是企业薪资制度建立的依据，它可以设计产生组织机构系统图以及详细工作说明计划书。这是保证内在公平的关键，要以相当的精确性，以具体的金额对每一职务对本企业的相对价值进行表示，此价值反映了企业对各工作承担者的要求。需要注意的是，工作相对价值金额的确定，并不意味着在实际工作中各个工作承担者就可以得到相应数额的薪酬，在确定这个数额之前还需要进行薪资分级与定薪的工作。

3. 薪酬调查

薪酬调查主要是指对企业所在地区及行业的调查，在调查过程中企业需要研究两个问题，即调查什么，怎么去调查。调查的内容也就是我们所说的调查什么的问题，主要是本地区、本行业，尤其是主要竞争对手的薪资状况。有了参照标准，企业就可以科学合理地制定自身的薪酬制度，既保证了自己在人才市场的竞争力，又可以减少人力资源成本，保证企业的利润水平。

4. 薪资结构设计

经过职务评价和工作分析，企业可以确定每一个工作的价值，但是还必须将这种价值转换成实际的薪资值，因此需要进行薪资结构设计。一般来说，工作的难度越大，那么其就会为企业带来越多的利益，对企业来说就越重要，同时也说明其所蕴含的价值也越大。在企业经营中，为了保证企业薪资制度的内在公平性，企业员工的薪资可以按贡献大小来确定。

从上面的描述中我们可以看出，所谓企业的薪资结构，实际上指的就是企业中各个职位相对价值与其实付员工薪酬之间所保持的关系。

5. 薪资分级和定薪

薪资分级和定薪指的是针对企业中所设置的不同岗位制定与之相应的薪资水平，确定薪资的数值范围。薪资分级和定薪是在企业对工作进行评价之后才能进行的，因为只有这样才能根据岗位所蕴含的不同价值，将岗位的薪资分为不同的等级，最终组合成一个完整的薪酬体系。通过该流程，企业可以确定不同职位的薪资范围，确保员工薪资水平的公平性。

6. 薪资制度的控制与管理

通常企业在制定薪资制度之后，在短时间内不会轻易变动，这样有利于维护企业经营的稳定。在不断变化的经济发展形势下保证企业薪资制度的正常运作，并保证其在人才市场上的竞争力，需要企业对其实行科学合理的控制与管理，使其发挥应有的功能。

（二）职位评价

职位评价是判断一项工作相对价值的过程。职位评价的基本目的是排除由工资结构不合理而造成的内部收入不公平。例如，如果收发室的员工得到的收入多于首席会计师，收入不公平就出现了。显而易见，组织更偏好内部收入公平。但是，当最终决定的职位工资与市场价格相冲突时，企业一般优先考虑后者。职位评价是从管理的角度出发来测量工作价值的，而不是从经济的角度进行比较，后者可以通过市场来决定并且通过薪酬调查得来。

职位评价一般由人力资源部门执行。但是，由熟悉特定工作的职工建立起来的委员会常常执行着实际的评估。一个典型的委员会包括人力资源经理和某些部门的代表，如财务部、生产部、信息技术部和市场部。委员会的构成通常由待评估职位的类型和等级决定。在进行职位评价时很重要的一点是要将个体因素排除在评价过程之外。另外，工作的职责也许还会建立在非正式的基础上，并会因不同个体而使工作职责有所扩大、缩小或改变。

小型和中型企业通常没有职位评估专家，他们一般会选择外部的顾问。聘请到一个合格的顾问后，管理层不仅应该要求其开发工作评价系统，还应该要求他们培训公司的员工，以便正确地使用它。

四种传统的职位评价方法分别是排序法、归类法、因素比较法和评分法。这些方法有非常多的版本，公司可以选择其中一种并根据情况调整以适合其特定目的。公司也可以选择购买专有的方法。排序法和归类法是非定量方法，因素比较法和评分法是定量方法。

（三）薪酬水平调查

开展薪酬水平调查的原因：雇用并保留有能力的雇员；提高员工的生产力；设计一个适当的可接受的薪资结构；确认市场上的薪酬趋势；在法庭上捍卫薪酬实践。

薪酬水平调查前的准备工作包括：调查方案的开发、实施与分析；确定数据收集方法，包括问卷、网络在线对话、面谈和电话等。确认调查的方法有工作匹配、层级匹配法、职业调查法、工作评价法、宽幅分类法等。

（四）薪酬决定

支付特定职务的薪水与以下三个群体相关。

①其他组织从事相似工作的员工（A群体）。

②同一组织从事不同工作的员工（B群体）。

③同一组织从事相同工作的员工（C群体）。

与A群体薪酬即薪酬水平有关的决定也叫薪酬水平决定。薪酬水平决定的目的是保持组织在劳动力市场上的竞争力。在这个决策中主要用到的参考依据是薪资调查。与B群体有关的薪酬决定叫薪酬结构决定。薪酬结构包括在组织内部对每个工作相对于其他工作设置一个价值理念，这就需要使用被称作工作评估的途径。与C群体有关的薪酬决定叫作个人薪酬决定。

1. 薪酬水平决定

薪酬水平是由管理员将在组织内部工作的人的薪酬与组织外部的人比较得出的结果。这个决定是由影响薪酬水平向上、向下或向后变化的多个因素决定的。当管理态度、劳动力市场、竞争因素改变时，薪酬水平的压力就转移了。薪酬水平战略是管理者必须做的一个主要战略性选择，基本上有三大薪酬水平战略可以选择——高薪酬水平战略、低薪酬水平战略和可比较薪酬水平战略。虽然有时在一些难度较大的工作上应用这三大战略还需要进行相应的修改，但这三个薪酬战略一般仍可适用于整个组织。战略选择部分地反映出经理的态度和动机。如果经理对公众的赞誉有较高的需求，高薪战略将会适用；否则，可能选择低薪战略。一个影响因素是经理有关民族和道德的态度。如果这个经理具有民族导向性，那么低薪战略就不太可能被欣然接受。

另外两个薪酬水平战略选择的影响因素为：组织可以吸引、保留员工的程度以及组织的支付能力。吸引和保留人力资源的影响因素包括工作安全性和福利水平等。组织支付能力的影响因素包括劳工的成本、公司的利润和公司所处的发展阶段。因为这些显著的因素，公司必须根据相应的劳动力市场情况而改变薪酬战略。

2. 薪酬结构决定

要构建内部的薪酬等级或薪酬结构，传统的构建方法是运用岗位评估，在两个工作岗位的价值之间进行系统的比较。以下描述的岗位评估步骤是在进行薪酬决定的工作价值模型的基础之上的。

（1）工作评估

工作评估是为决定薪酬目的确定组织内部各种岗位相对价值的正式过程。对两个不同工作价值的系统比较，最终导致了组织特定的薪酬等级的创

立。从本质上来说，工作评估能将每个岗位的薪酬数量与它为组织效力的贡献程度联系起来。确定组织中所有岗位的价值并不总是容易的。工作岗位评估还涉及岗位评估人的判断问题。比如，与护士相比，医师在医院中对病人的治疗贡献更多。问题是这种价值差距到底有多大，这也意味着必须做出判断。因为一个岗位对组织有效性的贡献到底有多少是很难精确计算的，因此为了保证工作评估的有效性，人们常常以一些主要因素为标准。这些因素包括岗位所需的技能、职责的重要性、工作的努力程度和工作条件。如果要使员工满意或者使组织能够吸引它所需的员工，薪酬必须随着各种工作的不同要求而改变。

一旦组织决定使用工作评估，就必须做出一系列的决定以确保评估的有效性。应该允许员工表达他们自己对工作相关价值的看法。这种参与为直接受影响的人解释评估工作相当复杂的过程提供了机会，而且这种做法通常会促使员工间更好地交流并促进他们之间的理解。

在这项工作有了合作的开端之后，通常会有一个由大约 5 个人组成的委员会来进行评估。理想情况下，委员会应该包括员工、经理和人力资源专家。所有的委员会成员都应该对被评估的岗位非常熟悉。工作评估通常利用岗位描述，如管理能力描述、专业技术描述、文书技能描述和操作能力描述。员工在进行岗位描述的时候使用对工作评估因素很重要的词语是很有意义的。

有效的工作评估中另一个基本步骤是选择和权衡岗位评估标准（薪酬因素）。工作评估中使用最为频繁的典型因素是教育程度、经验、职责大小、职业知识、工作危险程度和工作条件。岗位的有效测评因素能被测评者所接受是非常重要的。岗位评估的 4 种常用方法有排序法、分类法、计点法和因素比较法。

（2）压缩层级和宽带薪酬

为了提高效率，降低以工作为基础的薪酬结构的复杂程度，一些组织使用了压缩层级和宽带薪酬的策略。

二、企业员工福利管理策略

在新时期企业福利管理中，员工获得的福利包括广义的福利和狭义的福利两个方面。

（一）广义的福利

广义上的福利比狭义的福利具有更广阔的外延，广义的福利主要包括三个层次的内容：①政府在文化、教育、卫生、假期、社会保障等方面提供的公共福利和公共服务；②企业提供的各种集体福利以及企业根据自身情况针对员工个人的福利措施；③工资以外的收入，即企业为员工个人及其家庭所提供的实物和服务等福利形式。

（二）狭义的福利

狭义的福利指的是企业为满足员工的生活需要，除去向员工支付薪酬之外，额外向员工支付的货币或提供的其他形式的服务等。对企业员工而言，狭义的福利主要包括两个层次。

1. 法定福利

政府通过立法形式要求企业必须提供给员工的福利和待遇为法定福利，它主要包括养老保险、失业保险、医疗保险、工伤保险及生育保险。

①养老保险。员工年老时将失去劳动能力，因此企业应该按法律规定为每一位正式员工购买养老保险。

②失业保险。失业是市场经济的必然产物，也是经济发展的必然副产品。为了使员工在失业时有一定的经济支持，企业应该为每一位正式员工购买符合法律规定的失业保险。

③医疗保险。这是法定福利中最主要的一种福利，企业必须为每一位正式员工购买相应的医疗保险，确保员工患病时能得到一定的经济补偿。

④工伤保险。员工有时会由于种种意外事故受伤，为了使员工在因受伤而失去劳动力时得到相应的经济补偿，企业应该按法律规定为每一位正式员工购买工伤保险。

⑤生育保险。它是国家通过立法，在怀孕和分娩的妇女劳动者暂时中断劳动时，由国家和社会提供医疗服务、生育津贴和产假的一种社会保险制度。

2. 企业自设福利

企业提供给本企业员工的福利为企业福利，它主要包括企业的集体福利和企业为员工及其家庭所提供的实物和服务等福利待遇，如健康保健、员工援助、咨询服务、家庭服务。

①健康保健。该福利是指企业通过提供额外的医疗保险，以弥补员工因生病或遭受意外事故而造成的本人及其家庭的经济损失。健康保险的发展与一个国家的法定医疗保险的完善程度密切相关，如美国的健康保健发展较为完善，而且在其他发达国家，健康保健也已经成为企业一种常见的福利措施。在我国，已经有一些企业除了参加基本的医疗保险之外开始建立健康保健制度，为员工提供更为完善的医疗保障。我国企业提供健康保健福利的方式主

要有三种：一是购买商业保险公司开发的商业医疗保险；二是企业自行建立补充医疗保险制度；三是参加工会组织的补充医疗保险。

②员工援助。该福利用于对员工提供在酗酒、吸毒、赌博或心理压力等方面的咨询或治疗服务。员工援助福利的提供方式有：一是由公司内部工作人员援助；二是由多个公司通过合作共同提供援助；三是由公司与专业公司签订合同，由第三方来提供援助。另外，与公司签订服务提供合同的第三方，也可以通过合同转包的方式由其他专业机构来提供服务。

③员工咨询服务。企业通过向员工提供各方面的咨询服务，用于解决员工工作和生活中的困难。员工咨询服务包括的内容非常广泛，如与工作相关的职业生涯规划、再就业咨询、工作业务咨询以及与家庭生活相关的婚姻感情咨询、家庭理财咨询、健康咨询等。同时，员工咨询服务还为员工提供法律咨询。

④家庭服务。这是一种主要面向企业员工家庭中的老人和儿童提供照顾和看护服务的福利项目。这种计划的目的是减轻员工的家庭压力，保障员工安心工作。面向儿童的服务一般是为员工提供儿童看护帮助，服务方式包括两种：一种是直接兴办托儿所等儿童看护机构；另一种是为需要支付儿童看护费用的员工提供儿童看护补贴。另外，在现代家庭中，员工赡养老人的压力越来越大，企业通过资助老年看护中心建设、实行弹性工作时间、提供长期保健保险项目等帮助员工履行赡养老人的义务。

参考文献

[1] 贺俊，黄阳华.产业组织与技术创新：理论与中国经验 [M].北京：中国社会科学出版社，2014.

[2] 史东辉.产业组织学 [M].上海：格致出版社，2015.

[3] 李孟刚.产业组织安全论 [M].北京：北京交通大学出版社，2016.

[4] 王盛.产业发展和组织适应性 [M].上海：上海交通大学出版社，2015.

[5] 刘健.模块化产业组织的形成机制与发展路径研究 [M].北京：经济科学出版社，2015.

[6] 吕薇.产业发展之路：培育、组织和规制 [M].北京：中国财政经济出版社，2012.

[7] 秦志华.企业人力资源管理运作 [M].北京：清华大学出版社，2014.

[8] 田广信.基于战略视角下的企业人力资源管理实践 [M].长春：吉林文史出版社，2016.

[9] 周文斌.转型期中国企业人力资源管理变革问题研究 [M].北京：中国社会科学出版社，2016.

[10] 王建军.产业组织演进与优化的分工视角解析 [M].呼和浩特：内蒙古大学出版社，2010.

[11] 刘毅.企业人力资源管理岗位教程 [M].宁波：宁波出版社，2013.

[12] 唐晓华.管理创新与大企业竞争力：产业组织视角 [M].北京：经济管理出版社，2012.